# a fost Cuvântul

Dan Alexe (n. 1961) este scriitor, cineast, jurnalist şi traducător. A realizat filme documentare în Cecenia, Afganistan, Pakistan, Kosovo şi Asia Centrală. În România, a făcut parte – împreună cu Dan Petrescu, Luca Piţu, Alexandru Călinescu, Sorin Antohi, Liviu Antonesei – din aşa-numitul „grup de la Iaşi", care în anii '80 a căutat să facă o opoziţie culturală structurată regimului comunist. A părăsit România în 1988, în momentul publicării în revista *Agora* de la New York a piesei sale de teatru *Rămăieni*, despre ravagiile protocronismului. A participat la filmul documentar *Dezastrul roşu* (Belgia, 1988), care denunţa regimul lui Ceauşescu. Stabilit în Belgia, a colaborat, ca ziarist *freelance*, cu BBC şi Europa Liberă, iar ulterior cu publicaţiile grupului german WAZ. A trăit lungi perioade în Caucaz, Balcani sau Afganistan, unde a predat jurnalismul; a cunoscut războaiele din Cecenia şi Bosnia şi a făcut un film despre cântăreţul mistic pakistanez Nusrat Fateh Ali Khan. Specializat in islamul mistic contemporan, a participat la volumul colectiv *Géopolitique du Caucase* (Ed. La Découverte, Paris, 1996) cu capitolul despre islamul cecen şi cel nord-caucazian. Anterior, activitatea lui publicistică inclusese traduceri din latina renascentistă (în volumul colectiv *Poetica Renaşterii*, Bucureşti, 1986) sau studii despre ţigani şi Joyce („Les Tsiganes et le jazz dans le *Finnegans Wake*", în *Etudes Tsiganes*, Paris, 1989). Filmul său *Howling for God / Iubiţii Domnului*, despre dervişii urlători din Balcani care practică un foarte violent ritual de yoga islamică, a obţinut Premiul Criticii Internaţionale la Festivalul din Amsterdam (1998) şi Premiul Ministerului Francez al Culturii la Festivalul Musée de l'Homme (Paris, 1998). Cu acelaşi film a participat la festivalurile de la Cannes şi Hollywood (1999). I s-a decernat Marele Premiu al Musée de l'Homme pentru *Cabal in Kabul* (2007), film despre ultimii evrei din Afganistan, urmat în acelaşi an de cele mai mari distincţii la festivalurile Flahertiana din Rusia (Moscova şi Perm, 2007), Astra (Sibiu, 2007) şi de Premiul Publicului la Nyon (Elveţia, 2008). A publicat teatru în volumul îngrijit de Luca Piţu, *Lumea ca spoială şi împovărare* (Editura Opera Magna, Iaşi, 2012), povestiri (*Miros de roşcată amară şi alte povestiri scandaloase*, Humanitas, 2014, reed. 2021; *În punctul lui rebbe G.*, Polirom, 2016), eseuri culturale (*Dacopatia şi alte rătăciri româneşti*, Humanitas, 2015, reed. 2021) şi un roman (*Pantere parfumate*, Polirom, 2017). Blogul său, *Dan Alexe's Flea Market* (https://cabalinkabul.com), este foarte urmărit în mediile culturale din România.

Dan Alexe

# Babel

## La început a fost Cuvântul

HUMANITAS
BUCUREȘTI

Redactor: Georgeta-Anca Ionescu
Coperta: Ioana Nedelcu
Tehnoredactor: Manuela Măxineanu
DTP: Iuliana Constantinescu, Veronica Dinu

Tipărit la Bookart Printing



Descrierea CIP a Bibliotecii Naţionale a României
Alexe, Dan
Babel: La început a fost Cuvântul / Dan Alexe. –
Bucureşti: Humanitas, 2022
ISBN 978-973-50-7750-1
81

EDITURA HUMANITAS
Piaţa Presei Libere 1, 013701 Bucureşti, România
tel. 021/408 83 50, fax 021/408 83 51
www.humanitas.ro

Comenzi online: www.libhumanitas.ro
Comenzi prin e-mail: vanzari@libhumanitas.ro
Comenzi telefonice: 0723 684 194

*Cuprins*

## *Pro-Logos sau Cuvânt-Înainte*

הָבָה נִבְנֶה־לָּנוּ עִיר וּמִגְדָּל וְרֹאשׁוֹ בַשָּׁמַיִם

„Veniți să ne facem un oraș și un turn al cărui vârf să ajungă la cer." —Facerea 11:4

Ἐν ἀρχῇ ἦν ὁ λόγος, καὶ ὁ λόγος ἦν πρὸς τὸν θεόν, καὶ θεὸς ἦν ὁ λόγος.

„La început a fost Cuvântul, și Cuvântul era cu Dumnezeu, și Cuvântul era Dumnezeu."
—Evanghelia după Ioan 1:1-2

*Torah*, Tora, „Biblia ebraică", devenită pentru creștini Vechiul Testament (deși este doar *Pentateuhul*, cele cinci cărți ale lui Moise), propune de trei milenii încoace mitul Turnului Babel pentru a explica diversitatea limbilor. Acolo, în Babilon, de unde ne vin atât numele, cât și legenda „Babelului", fiii lui Israel târâți cu forța în exil nu doar intraseră în contact cu giganticele construcții care aveau să le stârnească imaginea Turnului menit să se înalțe până la cer, dar se izbiseră și de multitudinea nesfârșită și aparent inutilă a limbilor.

Obsesia colectivă cu forța misterioasă și creatoare a Cuvântului urma să le sugereze evreilor imaginea plăsmuirii universului prin vorbă, prin îndemn divin formulat verbal și sonor, poruncă rostită simplu și solemn în ebraică la începutul cărții Facerii (Geneza), ca apoi, secole mai târziu, Evanghelia lui Ioan să anunțe, în greacă (dar tradus din aramaică, cel mai probabil), că „la început a fost Cuvântul".

Până şi Coranul avea să pună mare preţ pe Vorbă, căci cea mai veche „*sura*", capitol din cartea sfântă a musulmanilor, începe cu îngerul Gabriel (Jibrail), care îi ordonă lui Mahomed să citească, să „recite": '*Iqra!* (de la rădăcina arabă şi semitică de la care avem chiar numele Coranului, *Qur'ān* = Lectura, Recitarea). Tot un recurs la Vorbă aşadar, la rostire, la ceea ce creştinii aveau să numească *Logos*, termen preluat de ei din filozofia greacă precreştină, „păgână". Prin urmare, nu întâmplător reunirea Torei ebraice (Vechiul Testament) cu Noul Testament redactat în greacă a fost numită de creştini *Biblia*, adică, pe greceşte, simplu: *Cărţile* (la fel cum imaginea Cărţii şi a Cuvântului avea să sugereze labirintica *Bibliotecă Babel* a lui Borges).

Originea limbajului a fascinat întotdeauna omenirea, în toate culturile. Cu toate astea, misterul acelei origini rămâne total, ceea ce nu ne va împiedica să-l abordăm în prezenta carte, care nu este altceva decât o iniţiere ludică în ştiinţa lingvisticii şi în care vom încerca să curăţăm această taină a originii limbajului uman şi a clasificării limbilor de vegetaţia luxuriantă a miturilor populare şi a ideilor preconcepute.

Aceasta este şi o carte care te va învăţa că, dacă aşa ai procedat, ai făcut rău abandonând, la o vârstă încă fragedă, studiul limbii franceze (sau ruse, germane etc.) ori al alteia pentru care simţeai că ai fi avut o vocaţie, dar te-au descurajat profesorii rigizi, care la rândul lor fuseseră traumatizaţi de predecesorii lor tiranici şi dispreţuitori şi care n-au făcut decât să-ţi transmită convingerea că diversitatea nesfârşită şi aparent inutilă a limbilor este o pedeapsă şi un chin.

Această carte mai oferă, pentru prima oară în limba română, traducerea unui text al lingvistului unic care a fost Nikolai Trubetzkoy, ba chiar e vorba de un text fundamental, încă nedepăşit, rămas până astăzi insuficient analizat (Anexa I).

Veţi mai afla aici şi care e cea mai bună metodă pentru a învăţa o limbă străină (sau mai multe, oricâte); de ce româna nu datorează nimic limbii ruse; sau care este cea mai satisfăcătoare clasificare a limbilor vorbite pe planetă, imaginabile sau posibile.

Simplificările inevitabile pe alocuri în prezentare nu caută decât să înlesnească imaginea de ansamblu şi abordarea domeniului lingvistic sub un unghi ludic şi mai puţin greoi-academic decât se obişnuieşte.

## Prolegomene la o filozofie românească a limbajului

Structurând-o pas cu pas, în fraze simple, această iniţiere în lingvistică ar putea începe cu: Nu există o filozofie românească autentică, pentru că n-a existat niciodată o reflecţie românească autentică asupra limbajului.

Istoria filozofiei universale nu este altceva decât o succesiune de încercări de a răspunde dilemei rezumate de Platon în dialogul *Cratylos*: sunt oare elementele limbajului uman necesare şi create conştient de vorbitori, sau, dimpotrivă, sunt ele aleatorii şi lipsite de sens în sine?

Răspunsul modern, începând cu Ferdinand de Saussure (1857–1913; *cf.* Bibliografia la sfârşitul volumului), este cel de-al doilea, cu completarea adusă de revelarea funcţionării limbajului ca *structură*, iar nu ca o simplă *acumulare de cuvinte*, de concepte şi acţiuni exprimate sonor.

Cu toate astea, chiar şi în secolul XX, în paralel cu structuraliştii şi precursorii lor (Saussure, Trubetzkoy, Jakobson), care au analizat limbajul ca pe o structură compusă din elemente aleatorii, însă funcționând precum un ansamblu de opoziții (fonetice, gramaticale, semantice), un gânditor ca Martin Heidegger a redat limbajului o dimensiune ontologică, cvasi-mistică și ocultă.

În România și în cadrul limbii române, singurul care a abordat chestiunea limbajului dintr-o perspectivă filozofică și metafizică, pe urmele lui Heidegger, a fost Constantin Noica, despre ale cărui reflecții asupra limbii (deformate însă heideggerian) am mai scris în *Dacopatia și alte rătăciri românești* (ediția a doua, revăzută și adăugită, Humanitas, București, 2021, pp. 108–116).

Căutând să pună bazele unei reflecții asupra limbajului (*limbaj* în sensul dat de Saussure termenului), prezenta carte caută așadar să deconstruiască și să demonteze, fie și sumar, o serie de mituri lingvistice, teorii urbane false și convingeri populare îndepărtate de realitate.

Mulți profani se arată de altfel convinși că suntem cu toții îndrituiți să avem opinii lingvistice pentru că – nu-i așa? – cu toții vorbim, iar lingvistica n-ar fi, oricum, o știință „adevărată". Că toate aceste idei sunt false și că lingvistica este o știință precisă am arătat-o deja în mai multe capitole din *Dacopatia*, la care voi trimite în repetate rânduri. În prezenta carte extind parte din demonstrațiile de acolo, dar propun și o metodă de inițiere în lingvistică pentru uzul profanului. O introducere neconvențională în lingvistică, așadar. (Dintre cele scrise anterior, o carte precum excepționala *Gramatică comparată a limbilor indo-europene*, de Gh. Ivănescu și Theofil Simenschy, este practic un manual universitar, fiind prea complicată pentru cititorul obișnuit.)

Scopul fiecărei cărți de inițiere într-o știință este acela de a oferi profanului cheile unei discipline anume, căci asta înseamnă, istoric şi etimologic, „profan": cel care se află „în faţa templului" (*pro + fanum*).

„Profan" este aşadar un termen tehnic şi descriptiv şi nu conţine în sine nimic înjositor, ci doar rezumă o stare de fapt: cel aflat în faţa (*pro-*) templului (*fanum*) nu posedă pentru moment cheia tainelor. El are nevoie să fie iniţiat, să primească un minimum de instrucţiuni, să i se ofere sensul şi explicaţia celor pe cale de a i se revela.

Iniţierea se poate produce în diverse maniere; ea poate fi tehnică, obositoare; lungă şi căznită; ori logică şi ludică, de scurtă durată, lăsând apoi învăţăcelul să se descurce singur odată ce posedă elementele fundamentale. Sau poate lua forma unei vocaţii fulgurante, de la *vocatio*, termen latinesc (cum este şi *profanum*), *vocatio* provenind de la *vox*, vocea care îţi face o chemare şi care poate fi chiar cea a unui *amator*. Da, pentru că la origine termenul *amator* nu desemna decât un „iubitor" – chiar şi al artelor – şi nu avea nici el nimic din sensul peiorativ pe care i-l acordăm astăzi.

Şi iată cum pe nesimţite am strecurat aici, în prologul acestei iniţieri în lingvistică, şi elementele *etimologiei*, căci *profan*, *vocaţie* şi *amator* se explică doar prin evoluţia semantică a acestor cuvinte, evoluţie care, odată cu Renaşterea, a modificat profund sensul iniţial al termenilor latineşti arhaici. Înţelegând evoluţia lui *amator*, sau pe cea a termenilor *profan* ori *vocaţie*, bănuim deodată că există mai multe tipuri de lingvistică: una **istorică**, alta **comparativă** sau una **descriptivă**.

Lingvistica **istorică** nu ne arată altceva decât evoluţia limbilor; cea **comparativă** şi cea **descriptivă** ne învaţă despre feluritele *tipologii, structuri şi moduri în care poate funcţiona* o limbă, tipologii şi structuri care, cum vom vedea, sunt în realitate în număr relativ redus. Explicat simplu: numărul tipologiilor lingvistice este restrâns, iar identitatea tipologică nu implică neapărat rudenie, înrudire a două limbi pe care încercăm să le apropiem sau să le comparăm. Înainte de a intra, însă, în chestiunea clasificării limbilor şi a feluritelor tipologii posibile, poate că nu ar fi inutil să ne ocupăm de câteva dintre cele mai iritante mituri lingvistice şi preconcepţii despre limbă, vorbire, limbaj, accent, etimologii populare şi alte derive urbane.

# *Idei false și „mitologii urbane" în lingvistică*

## Limba nu este influențată de geografie

Să începem cu aceasta: limba nu e câtuşi de puţin influenţată de geografie. Ea este un pur produs al interacţiunii sociale şi al evoluţiilor şi accidentelor culturale şi politice şi se învaţă din naştere, fără efort conştient, în cadrul grupului social. Trebuie aşadar să opunem un refuz total ideii foarte populare că anumite transformări au loc în limbă „pentru că"...

Nu există „pentru că"... Mi s-a întâmplat de mai multe ori ca cineva să încerce să mă convingă că olandeza a căpătat acel sunet uvular continuu, notat fonetic *ğ* şi identic cu *gamma* grecesc de astăzi, Γ, γ, sau cu *jota* spaniol pronunţat sonor, pentru că în Olanda bate tot timpul un vânt foarte puternic şi olandezii sunt obligaţi să pronunţe tare şi hârâit, ca să se facă auziţi.

— La fel şi arabii – mi-a zis persoana respectivă, căci sunetul există şi în arabă. Şi la ei e vânt în deşert.

— Dar grecii? am întrebat.

— Şi la greci e vânt, mi-a răspuns după o pauză.

Ideea e atât de fantastic de stupidă, încât am simțit că îmi taie respirația. De parcă oamenii aceia ar vorbi numai cu gura în vânt... Dar femeile lor? Dar copiii de acasă, de ce ghâghâie și ei la fel?

În realitate, nu există nici o explicație și nici o justificare conștientă a modificărilor fonetice ce survin într-o limbă. Acestea nu se explică prin geografie și relief. Ele se petrec insesizabil și inconștient. Uneori moda sau influența unei capitale pot aduce o nuanță nouă, o pronunție diferită.

A crede că vântul modifică o pronunție sau un accent e la fel de absurd ca a spune că tibetanii vorbesc o limbă monosilabică pentru că trăiesc la mii de metri altitudine și trebuie să pronunțe cuvinte scurte, din pricina aerului rarefiat... dar vecinii lor de la sud și vest, care vorbesc limbi neînrudite cu tibetana, cei din Nepal sau vorbitorii de burushaski din nordul Pakistanului de azi, trăiesc la aceeași altitudine, însă vorbesc limbi cu cuvinte la fel de kilometrice ca germana. Tibetanii în schimb vorbesc limbi la fel de monosilabice ca și chinezii, vietnamezii și thailandezii din mlaștini și de pe malul mării... Este vorba acolo de influențe areale. Mode și influențe reciproce între popoare care vorbesc limbi diferite, dar își modifică pronunția și vocabularul sub influența vecinilor, așa cum s-a întâmplat în Balcani sau în Caucaz.

Nu există nici o explicație pornind de la climă pentru faptul că în franceză un *c-* latinesc în poziție inițială a devenit *ș-*: *char, chien, champ* etc., acolo unde celelalte limbi romanice au păstrat *carro, cane* sau *campo – car, câine, câmp.*

Indiferent ce modificare intervine într-o limbă, ea nu poate avea decât explicații culturale și sociale, iar nu fiziologice sau pornind de la climă. Sutele (da, literalmente sutele) de limbi ale Africii tropicale prezintă cele mai diverse tipologii lingvistice și fonetice imaginabile, deși toți cei de acolo au trăit vreme de milenii în aceleași colibe înecate jumătate de an sub ploi torențiale; dar diversitatea între limbile a două sate tropicale separate de un pârâu cu crocodili poate fi la fel de mare precum cea dintre română și arabă. Jungla stimulează diversitatea (ca și muntele sau litoralul, de altfel). Invers, acolo unde s-au răspândit bine organizații vorbitori de limbi bantu, aceștia și-au impus uniform dialectele similare în toată Africa centrală și australă, de la fluviul Congo până în Africa de sud.

## Nu există trăsături „unice" într-o limbă

Orice trăsătură a unei limbi date se regăsește în alte limbi. Astfel, e deseori prezentat ca o mare minune faptul că în română articolul hotărât este postpus, *enclitic*, vine la urmă. Dar la fel se întâmplă și în alte limbi balcanice cu care româna a fost istoric în contact: albaneza, bulgara și slava macedoneană. Este limpede că avem aici o trăsătură areală, ceva împărtășit de mai multe limbi care s-au influențat reciproc fără a proveni din aceeași subfamilie lingvistică (româna, albaneza și bulgara reprezintă trei subfamilii indo-europene diferite, dar toate trei au în comun exact același mecanism al articolului hotărât așezat la urmă).

Dar la fel e și în toate limbile germanice de nord, cele scandinave. Acolo unde în olandeză avem: *het huis* (casa), substantiv neutru cu articolul pentru neutru *het* (etimologic, *h*- nu se pronunță în acest articol hotărât, mai ales în dialectele flamande; el este pur grafic, *het* fiind echivalentul latinescului *id*); în suedeză în schimb articolul se pune la urmă, așa că avem acolo: *huset* = casa. Articolul e la început în olandeză: *het huis* – la final în suedeză: *hus-et*.

La fel, în cadrul limbilor semitice, acolo unde araba și ebraica au un articol inițial (*al-*, *ha-*), aramaica și etiopiana (amharica) au articolul la urmă. Tot așa, limbi neînrudite și extrem de îndepărtate una de alta, precum armeana și basca, pun articolul hotărât la urmă.

Nu este cu nimic mai logic a pune articolul la urmă și nu e deloc ceva rar sau demn de atenție. Nimic nu indică vreo explicație logică a articolului la începutul sau la finalul cuvântului, aceste mecanisme gramaticale sunt pure accidente lingvistice. Dacă ne amintim că articolul hotărât provine dintr-un demonstrativ, de pildă din latinescul *ille*, „acela“, atunci știm, evident, că în latină era absolut irelevant dacă se spunea *ille homo* sau *homo ille*: omul acela = acel om. E lesne de reconstituit cum în limbile romanice occidentale *ille homo* a dat: it. *l'uomo*, fr. *l'homme*, pe când în latina răsăriteană: *homo ille* > *omul*. Nici o formă nu e mai logică decât alta și acestea sunt pure accidente survenite în erodarea sistemului gramatical al latinei.

**Nu există nimic logic, natural sau firesc**
**în înlănțuirea elementelor unei fraze.**
**Nu există „normalitate“ în gramatică**

În continuarea concluziei de mai sus: nu există nimic firesc într-o anumită structură gramaticală dată. Cuvintele-frază ale limbilor polisintetice amazoniene nu sunt cu nimic mai ilogice decât gramatica noastră în care cuvintele separate au flexiune internă și verbele prezintă terminații personale.

Nu există așadar, cum am arătat, nimic firesc în aceea că o limbă posedă un articol hotărât și nici în poziția lui. Majoritatea limbilor de pe planetă de fapt nici nu posedă un articol. La fel, nu există nimic firesc în existența genurilor gramaticale. Majoritatea limbilor de pe planetă nu cunosc genurile gramaticale, nu-și imaginează ce sunt ele și nu le văd sensul.

Tot așa, nu există nimic firesc în terminațiile personale ale verbelor. Limbile asiatice cele mai diverse (și neînrudite între ele) cum sunt chineza, japoneza, coreeana, vietnameza etc. (nu vom repeta niciodată îndeajuns: complet neînrudite între ele) nu au terminații personale ale verbelor. Nu au, desigur, nici genuri gramaticale și nici articol hotărât.

Ba chiar nu au nici forme de plural. Nici chineza și nici japoneza nu marchează pluralul. Ele funcționează doar prin adăugarea numeralului, cum spunem și în unele limbi indo-europene, de pildă: *a six-pack of beer*. În germană: *zehn Mann*. În rusă: десять человек.

### Psihologia populară: limbile cu verbul la urmă nu sunt absurde și oamenii care le vorbesc nu gândesc mai lent

Tot așa, unul dintre cele mai răspândite și false mituri populare despre funcționarea limbajului uman este cel care imaginează absurde corelații între anumite limbi și psihologia sau comportamentul vorbitorilor lor. Vom auzi deseori, expus doct, că eschimoșii trăiesc *clasificatoriu*, pentru că limba lor ar avea nu știu câte cuvinte pentru zăpada aflată în diferite stadii și capricii de topire (dar și româna are: „zăpadă“, „nea“, „omăt“ şi puzderie de regionalisme pe care am putea să le strângem într-un lexic prin care am dovedi că dacii trăiau în igluuri şi că de aceea nu avem urme arheologice de sate de la ei, pentru că s-au topit).

La fel de naivă este şi teoria celor care pretind că germanii, de pildă, sunt lenţi pentru că, vorbind cu tine, ei pun verbul la sfârşitul frazei şi că... ascultătorul trebuie să aştepte sfârşitul unei propoziţii pentru a înţelege despre ce e vorba!

Bun, bine, acum: lingviştii adevăraţi (Noam Chomsky mai ales, sau discipolul său Steven Pinker) au arătat de un secol încoace că receptarea lingvistică a mesajului se petrece holistic, global, instantaneu, iar nu bucăţică după bucăţică de frază, pe silabe, dar adepţii absurdei teorii evocate aici ignoră că o bună parte a limbilor planetei (dacă nu chiar majoritatea limbilor) plasează verbul la finalul frazei. *Farsi* astăzi (persana din Iran), de pildă, dar şi latina odinioară preferă verbul la finalul frazei: *Homo homini lupus (est).*

Sigur, din raţiuni stilistice, verbul putea fi pus oriunde în frază, latina fiind o limbă sintetică, cu flexiune internă: *Est lupus homo homini* sau *Lupus est homini homo* sunt perfect acceptabile şi diferă de clasicul *homo homini lupus est* doar prin emfaza pusă pe unul sau altul din termenii frazei. De fapt, pentru antici (greci şi romani), totul se petrecea invers în literatură: cel mai adesea primul cuvânt al frazei era cel care dădea tonul sau emfaza ansamblului. Astfel, primul vers din *Iliada*, care e:

Μῆνιν ἄειδε θεὰ Πηληϊάδεω Ἀχιλῆος
„Cântă, zeiţă, mânia ce-aprinse pe-Ahile Peleianul“

începe în realitate cu „mânia“!... Este de fapt: „Mânia cântă, zeiţo etc...“, punând astfel din start, de la începutul epopeii, accentul pe „mânie", pe furia nestăpânită a lui Ahile, care domină întreaga *Iliadă* (Ahile hăcuind orbește împrejur fără să-și piardă din demnitate, deși purta fustiță, cum bine ne-a arătat Brad Pitt în filmul *Troy*). Așa încât, din perspectiva retorilor antici, verbul la final nici nu conta, atenția fiind distribuită pe structura întreagă a frazei în funcție de începutul ei, dar percepută instantaneu, ca un întreg.

Daaa, așa e! au să miorlăie cei care țin la nevolnica teorie care spune că nemții sunt lenți pentru că pun verbul la urmă. Dar susținea totuși asta și Mark Twain în *The Awful German Language*, unde el schimonosea engleza după modelul sintactic german, cu verbul la final: „*It's awful undermining to the intellect, German is.*"

Asta e însă ca și cum am crede că versul lui Eminescu „Fiind băiet păduri cutreieram", unde verbul principal e pus la urmă, ar deveni mai ușor și mai rapid de înțeles dacă am împinge verbul în față. În realitate, varianta „Cutreieram păduri, băiet fiind", în care toate cele patru cuvinte au fost puse în poziție opusă celei din versul inițial și care acum începe cu verbul, este exact la fel de ușor de înțeles, dar nu mai mult, și nu ne transmite informația mai repede pentru că începe cu verbul, ci doar devine poezie proastă.

Nu există așadar nimic firesc în poziția verbului sau în terminațiile sale personale. Poziția verbului în frază nu are nimic necesar sau natural. Limbile moderne indo-europene (IE) folosesc în general structura subiect – verb (predicat) – obiect. Germana are însă verbul la urmă și, iată, multe teorii stupide circulă despre cum germanii așteaptă sfârșitul frazei ca să înțeleagă despre ce e vorba.

Teoria e la fel de absurdă precum afirmația că limbile care au verbul la începutul frazei (irlandeza, altfel zis gaelica, sau araba) îi fac pe vorbitori să aştepte sfârşitul frazei pentru a înţelege cine face acţiunea, subiectul. În realitate, în toate limbile fraza e înţeleasă ca un tot, instantaneu, iar comunicarea se face difuz şi în bloc prin toată structura frazei deodată. Ca să nu mai vorbim de faptul că limbile IE aveau iniţial toate verbul la urmă: şi latina, şi sanscrita, dar şi limbile iraniene de azi, precum farsi sau paştuna.

Asta ne aminteşte de o poezea a lui Hoffmann von Fallersleben, poetul care a scris versurile din imnul *Das Lied der Deutschen*: „Deutschland, Deutschland über alles", dar care ne-a mai dat şi cheia reală a caracterului germanilor, în acele versuri frumos traduse de Eminescu:

*Germanu-i foarte tacticos*

*Neamţul cercetează lucrul, tacticos, pe dos, pe faţă*
*La surtuc de are pată, el chemia o învaţă.*
*Ani întregi mereu citeşte, spre a şti cum se cuvine*
*Cu ce chip, din cit şi lână, iese petele mai bine.*
*Dar când ştie toate celea – cu ce scop le ştie toate*
*Când surtucul cu pricina e o zdreanţă fără coate?*

Cât umor şi blândă autoderiziune intră aici! Iată o cultură care, deşi pune verbul la urmă, nu percepe orice ironie ca pe un atac la identitatea naţională, chiar dacă noi găsim că limba lor e greoaie şi urâtă.

## Dar există oare limbi „frumoase" şi limbi „urâte"?

Încă din noaptea timpurilor, oamenii au râs întotdeauna de limbile vecinilor. Pentru greci, toate naţiile vecine erau barbari (βάρβαροι, *bárbaroi*) lipsiţi de *lógos*, deoarece nu vorbeau, ci doar bârâiau (*bar-bar*) silabe aspre, fără sens. Romanii au preluat la rândul lor termenul *barbarus*, dar fenomenul este universal (cuvântul *berber*, de pildă, care îi desemnează pe nomazii non-arabi ai deșerturilor Africii de Nord, vorbitori de limbi de neînțeles – limbi *hamitice*, cum se spunea odinioară, în opoziție cu cele *semitice* care sunt araba și ebraica și cu limbile *iafetice* indo-europene (IE), de la numele celor trei fii ai lui Noe: Sem, Ham și Iafet –, ei bine, *berber* vine tot de acolo, de la *bar-bar*).

Dicționarele etimologice nu ne-o spun, însă este extrem de plauzibil ca și termenul peiorativ românesc *găgăuță* să vină pur și simplu de la *găgăuz*, de la acea populație vecină, găgăuzii, care vorbeau o limbă cu totul de neînțeles (despre găgăuzi am scris mai pe larg în *Dacopatia*, ed. a 2-a, pp. 382–387). Nu altceva au făcut slavii numindu-i pe vecinii lor germani *nemți*: *němьcь de la *němъ („mut“, „idiot“) (în rusă немой (*nemój*) = mut, idiot și немец = neamț, german). Alunecarea semantică depreciativă de la găgăuz la găgăuță este așadar banală, având multe paralele în lingvistică.

Invers, dintotdeauna oamenii și-au considerat propria lor limbă ca fiind cea mai frumoasă, sau mai dulce, mai logică sau mai melodioasă. N-a existat niciodată o cultură în care oamenii să fi decis că ei vorbesc o limbă oribilă, inutilă, și că ar prefera să vorbească alta. În schimb, unii au putut să considere că vorbesc o limbă „complicată“ și să se mândrească cu asta (anumiți naționaliști români, de pildă). Sau au decis că Dumnezeu le-a dat o limbă grea, și că așa se explică de ce nimeni printre străini nu se căznește s-o învețe. De altfel, învățarea limbilor străine a fost întotdeauna văzută ca un chin, în toate culturile. De unde și miturile, precum cel biblic al Turnului Babel, în jurul căruia e construită această carte, mit în care diversitatea lingvistică este văzută ca o pedeapsă divină. Nostalgia unei limbi unice, planetare, ca o revenire la Vârsta de Aur, continuă şi azi (vezi mai jos) şi explică încăpăţânarea cu care unii lingvişti amatori pătrunşi de fiorul utopiei continuă să născocească improbabile şi inutile limbi artificiale de tip *esperanto* (atunci când nu este vorba de limbi total inventate, precum limba *Na'vi* în filmul *Avatar* sau graiurile din serialul *Game of Thrones*).

Convingerea că există limbi „frumoase" şi limbi „urâte" dăinuie însă şi va dura în continuare câtă vreme vor trăi oameni pe planetă. Cunoaştem cu toţii oameni care au să spună că rusa, germana sau araba sună cumplit, rebarbativ; sau că franceza are o sonoritate romantică (sau ridicolă) etc. etc., fără să-şi dea seama că percepţia lor fonetică este determinată de la început de limba pe care ei o vorbesc din naştere. De aici – impresia de ridicol sau jenă pe care mulţi o încearcă atunci când aud un străin care se străduieşte să vorbească în limba lor maternă. Să ne amintim cum, în *Domnul Vucea*, Delavrancea redă (fără mare har de altfel, doar suntem noi complezenţi cu încercările literare ale trecutului) următorul *şibolet*:

„— Cum deosebeşte românul pe grec de român?
— Îl pune să zică: «retevei de tei, mirişte de mei».
— Şi cum zice grecul?
— Piţigăindu-şi buzele, peltícind şi stropind, el zice: «*retavela tela tin de la miliste mela.*»"

Sigur, dacă încercăm să punem nişte greci să spună asta, rezultatul va fi probabil: „*Retevei de tei, miliste de mei...*" „*Miliste*" pentru „mirişte", da, căci acolo Delavrancea se apropie oarecum de realitatea fonologică. Nimeni în schimb nu va zice misteriosul „*tela tin*", am verificat eu deja suficient, chiar dacă empiric.

Delavrancea a inventat, așadar. Singurul punct unde are dreptate este că grecii într-adevăr își pițigăie buzele, se pelticesc și stropesc. Dar de ce, oh, de ce a trebuit să ne mintă cu „*tela tin*"?

## Continuumul sonor articulatoriu și percepția subiectivă

În realitate, continuumul sonor articulatoriu, sunetele care pot fi scoase din gât de vorbitor (locutor) și sunt procesate de ascultător depășesc cu mult inventarul fonologic al oricărei limbi vii luate separat. Dacă nu este antrenată prin învățarea unor limbi străine, urechea noastră nu va distinge anumite foneme sau opoziții sonore fundamentale în alte limbi: de pildă, în arabă, opoziția dintre *kaf* (ك, redat prin *k* în transcriere latină) și *qof* (ق, redat prin *q*). Distincția este fundamentală în arabă, deoarece permite să deosebim, de exemplu, *kalb* (câine) de *qalb* (inimă). Pentru un vorbitor de română sau engleză, cele două cuvinte vor suna la fel. În schimb, invers: un arabofon neantrenat lingvistic nu distinge între *p* și *b*, ceea ce îl poate face să considere că *pill* și *bill* în engleză (sau *paie* și *baie* în română) sună exact la fel și sunt identice sonor.

În Caucaz, pentru a da un exemplu-limită, toate cele trei familii de limbi indigene caucaziene chiar au o fonetică extraordinar de complexă. Pe lângă o gramatică și o tipologie ce nu au nimic de a face cu cele ale marilor familii de limbi eurasiatice pe care le cunoaștem și le studiem, limbile de pe litoralul Mării Negre, precum cercheza, kabarda sau abhaza, mai posedă şi cel mai complex sistem fonetic din lume, practic imposibil de reprodus pentru cineva nenăscut acolo. (Marele lingvist care a fost contele rus Nikolai Trubetzkoy a avut şansa unică de a creşte, copil şi adolescent, într-o familie de nobili cerchezi, învăţând limba în mod natural.)

Limba *ubîh* (dispărută în urma genocidului comis de ruşi în Caucaz în secolul al XIX-lea) avea circa 70 (şaptezeci, da!) de consoane. Limbile cercheză şi kabardă dispun şi astăzi de un consonantism halucinant de complex, fiecare dintre ele depăşind 60 de consoane, dar sunt în schimb foarte sărace în vocale. Limba kabardă nu are, astfel, decât două vocale: *a* şi *ă*.

Ba chiar un lingvist olandez, Aert Kuipers, a scris o întreagă înspăimântătoare lucrare căutând să arate că este vorba de fapt de o singură vocală, întrucât *a* şi *ă* se disting doar poziţional, în funcţie de accentul tonic (cam la fel cum vocala *-a-* din românescul *mamă* se închide în *-ă-* atunci când nu mai este accentuată, ca în diminutivul *mămică*).

Aşa încât, dacă limba kabardă poate fi considerată ca fiind un *one vowel system*, un sistem lingvistic cu o singură vocală, *a-ă*, putem spune în mod logic că, de fapt, ea nu are vocale, fiind singura limbă de pe planetă în această situaţie.

Aşa se explică reacţia acelui ofiţer rus care, auzind pentru prima oară limba *abhază*, a scris tulburat: „Mi se părea că aud hârşâitul unor furnici gigantice care îşi freacă mandibulele sau articulaţiile cheratinoase“.

Pentru a închide (provizoriu) acest capitol, nu există limbi „frumoase“ şi limbi „urâte“. Precum şi frumuseţea care se tupilează în ochiul privitorului, armonia unei limbi oarecare se declanşează şi răsună doar în urechea ascultătorului.

**Toată lumea are un accent**

Apoi, printre clișeele lingvistice cele mai răspândite pe planetă, un altul extrem de iritant este cel privind „accentul". Locuitorii capitalelor, în general, tind să privească cu superioritate orice „provincial", deoarece are un accent.

Tendința este flagrantă mai ales în culturile extrem de centralizate, precum cea franceză sau cea română, unde accentul capitalei a fost impus ca normă, strivind variantele regionale. De când există școala modernă, obsesia multor profesori cu accentul „corect" a putut distruge nenumărate vocații lingvistice. Generații de copii au fost descurajate și au abandonat studiul limbilor din pricina insistenței eronate și nepedagogice pe pronunția „corectă". În loc să le transmită copiilor logica și structura unei limbi, acei profesori insistă pe un soi de talent muzical cu totul inutil.

Adevărul este că există unele limbi, precum franceza, engleza sau chineza (sau menționata cercheză a lui Trubetzkoy), a căror schelărie fonetică face că puțini vorbitori nenăscuți în mediul respectiv ajung să le stăpânească într-atât încât să treacă drept localnici. Dar există și predilecții înnăscute în funcție de aparatul fonator al fiecărui vorbitor. Pentru un român, de pildă, limbile balcanice, precum sârba sau bulgara, ca să nu mai vorbim de slava macedoneană, ba chiar și turca sau – ceva mai departe geografic – persana, farsi, nu vor prezenta vreo problemă fonetică, deoarece au exact același inventar de consoane și vocale ca româna, inclusiv vocalele închise *-î-* și *-ă-* (deși nu toate limbile pomenite le au pe ambele). Un român neantrenat lingvistic și/sau netalentat va învăța însă mult mai greu să pronunțe engleza cu accentul de la BBC, cu toate acele *-th*-uri, surde sau sonore, și jocul delicat al vocalelor britanice. La fel se întâmplă în cazul extrem de complicatului sistem al nazalelor din franceză, ca să nu mergem până la tonurile din chineză.

Soluția este atunci ca partea fonetică să rămână întotdeauna secundară în predarea limbilor. La urma urmei, este o consolare să citim cum același mare lingvist rus care a fost Nikolai Trubetzkoy (mai multe despre el de-a lungul cărții și în Anexa I) se plângea, într-o scrisoare către celălalt mare lingvist rus care a fost Roman Jakobson, de dificultatea lui de a se exprima liber în franceză. Iar Trubetzkoy nu se referea, desigur, la partea gramaticală, care îi era mai limpede decât oricărui vorbitor „nativ" francez, ci la posibilitatea fiziologică de a pronunța exact ca ei, de a vorbi „ca francezii". Numai că puțini nenăscuți acolo *pot vorbi ca francezii*.

Și așa revenim la pronunția imperialistă a capitalei și la obsesia celor de acolo că „provincialii au un accent". Numai că realitatea este că de fapt *toată lumea are un accent*. Cei din capitală vorbesc cu accentul centrului administrativ, pe care provincialii îl pot găsi la rândul lor cu totul ridicol. Cel mai adesea, doar un accident istoric a dus la alegerea unui oraș anume ca centru politic, ceea ce a facilitat impunerea accentului de acolo asupra altora.

Arbitrarul generat de accidentele istorice se mai vede și în aceea că cei din capitală, care decid „norma", mai stabilesc și o scară a ridicolului, o ierarhie a ceea ce ei consideră că este acceptabil în accente. Bucureștenii, de pildă, găsesc accentul ardelenesc mai „nobil" și mai acceptabil decât cel moldovenesc. Asta, desigur, grație prestigiului cultural și social al unor orașe precum Cluj și Sibiu, ca să nu mai vorbim de Timișoara.

În schimb, în cazul oltenilor, nu accentul va stârni ilaritatea bucureștenilor, ci folosirea sistematică a unor forme gramaticale neuzuale, dar altminteri cât se poate de corecte istoric, cum este perfectul simplu (*eu fusei*, *tu fuseși*).

## Accentul lui Putin

Și așa ajungem la aceea – pentru a da un exemplu și de prin alte părți – că Vladimir Putin, de pildă, vorbește cu accent peter(s)burghez (adică din Sankt Petersburg), iar nu cu accentul capitalei. Nici nu e de mirare, dat fiind că Putin s-a născut și a crescut în Leningrad, vechiul nume al vechii capitale a Rusiei, ctitorie a lui Petru cel Mare. Este doar un detaliu, însă merită știut că accentul de „*Piter*" (Sankt Petersburg) e considerat de ruși mai nobil, cultivat și elevat decât vulgara pronunție moscovită.

Mutarea capitalei la Moscova a vulgarizat limba rusă de-a lungul secolului XX. Accentul și pronunția de St. Petersburg au rămas mai melodioase și mai conservatoare, bătrânii de acolo păstrând de pildă pronunția completă a grupului consonantic scris Щ (*-șci-*), pe când la Moscova – și de aici în limba literară – Щ a devenit un soi de [-șși-] lung.

La fel, cei din St. Petersburg, ca Putin, pronunță [-j-] în дождь (ploaie), care la Moscova e [doșșĭ], și tot așa счёт (socoteală), încă articulat corect fonetic și istoric de cei ca Putin, a devenit la Moscova identic în pronunție cu franțuzescul *chiotte*.

S-a întâmplat cu rusa exact ce s-a întâmplat cu româna: tirania capitalei și a accentului narcisiștilor de acolo, care l-au impus ca normă și care râd cu îngâmfare de „provinciali", a dus la o cumplită vulgarizare a limbii.

Fenomenul imperialismului lingvistic al capitalei este cvasi-universal, fie că e vorba de Paris, Moscova sau Teheran... cu două excepţii notabile: italiana şi croata sunt singurele limbi literare europene care nu au la bază dialectul capitalei. De la Dante încoace, italiana s-a format pe baza dialectului toscan, cel din Florenţa, iar nu pe oribilul dialect roman (atât de abil exploatat de Fellini în filmele sale), în vreme ce croata literară a fost croită pe un dialect din Bosnia, cel mai apropiat de sârbă, tocmai pentru a da iluzia cvasi-identităţii celor două limbi.

Asta pentru că, dacă sârba e relativ unitară, croata este în schimb împărţită în trei mari grupuri de dialecte, iar cel ales pentru limba literară a fost în mod intenţionat cel mai apropiat de sârbă, un dialect din Bosnia, mai precis cel vorbit la Sarajevo. Asta a făcut că întotdeauna atât sârbii, cât şi croaţii au fost de acord, chiar măcelărindu-se reciproc, că cea mai frumoasă limbă „sârbo-croată" este cea vorbită de musulmanii din Bosnia! În schimb dialectul capitalei croate, cel din Zagreb, a fost influenţat de germană (austriacă), iar cele de pe coasta Mării Adriatice, de pe insule şi din peninsula istriacă – profund influenţate de veneţiană. Un dialect cum e cel de pe insula croată Hvar, de pildă, ar fi complet de neînţeles pentru un locuitor din Zagreb, ca să nu mai vorbim de un sârb.

Toate acestea pentru a reveni la punctul de plecare: Putin vorbeşte cu accent de Sankt Petersburg, ceea ce îi dă automat o aură specială, mai ales pentru cei care încă mai aud cumplitul „*govor*" al lui Gorbaciov, care bodogănea precum ţăranii şi cazacii lui din Stavropol, ba chiar mai rău: Gorbaciov vorbea ca... ucrainenii!

## Ce este o limbă?

„Ce este o limbă?" Răspunsul clasic al unui lingvist (Max Weinreich, care a rămas in istorie doar pentru asta) este că o limbă nu e altceva decât „un dialect cu armată și steag național"... subînțelegând că orice dialect ar fi putut avea șansa de a deveni limbă oficială.

Am avut personal, în vremea lui Vladimir Voronin în fruntea Moldovei, o dispută la Bruxelles, terminată în conflict fizic (din care am ieșit învingător prin tehnici neconvenționale), cu un ziarist englez care îmi explica arogant că nu am dreptate în privința pretinsei „limbi moldovene" și că de fapt o limbă poate fi și un grai local care devine cod oficial și regulă impusă prin simplul fapt că vorbitorii lui au decis să-i dea alt nume... precum în Republica Moldova.

Un asemenea exemplu pare a întări cele ce am spus mai sus în legătură cu sârba, croata, „bosniaca" și muntenegrina. Este vorba acolo de fapt de aceeași limbă, la nivel oficial, cea predată în școli, numai că scrisă la unii în chirilice și la alții în caractere latine. Ei bine, aceea este exact diferența dintre româna din România și cea din Republica Moldova, din perioada când se scria cu chirilice. Sau diferența majoră dintre hindi (India) și urdu (Pakistan), limbă numită odinioară *hindustani*, care în India (hindi) se scrie în alfabetul tradițional al sanscritei, *devanagari*, iar în Pakistan (urdu) – într-o formă modificată a alfabetului arab.

Și, cum am mai spus, în definirea unei limbi ar mai trebui vorbit și despre imperialismul cultural al capitalelor, care își impun dialectul lor ca limbă literară: Paris în Franța, sau București în România, de pildă.

În România a devenit un clișeu ieftin a râde de accentul moldovean. Dar în realitate accentul bucureștean (cu toate acele -*ă*-uri în loc de -*e*-, ca în „pă jos“ și „dă pă masă“) ar fi de fapt, pentru un lingvist marțian și neutru, mult mai deviant decât cel moldovenesc, care este, dintre accentele românești, cel mai apropiat de latină.

Mai la sud, dialectul bucureștean a închis toate *a*-urile neaccentuate (*cf.* [să-nă-tá-te], din lat. *sanitatem*). Moldoveneasca, în schimb, a păstrat fonetica curată: [*sanatati*], cu *a*-uri deschise la fel de larg ca și gura și mai apropiate de latină decât *ă*-urile bucureștene... Bucureștenii ar trebui așadar să știe, conform realității lingvistice, că... toată lumea are un accent!

### Ce limbă vorbea Ștefan cel Mare și ce-a vrut să spună Lucian Boia

Aici, ca întotdeauna când e zdruncinat un pic unul din scenariile mitice ale României moderne, se sare cu vociferări și acuzații de vânzare și trădare fără a face efortul de a înțelege realitatea istorică, sau măcar ce a vrut să spună persoana aflată la sursa scandalului.

Ce spune Lucian Boia? Că până la 1859 moldovenii din Moldova își spuneau simplu „moldoveni“ și că Ștefan cel Mare vorbea „aproape aceeași limbă cu cea care se vorbea în Muntenia“. Afirmațiile sunt prudente și exacte, iar Ștefan cel Mare „ar fi fost nedumerit dacă cineva i-ar fi spus că e român“. Să ne amintim indignarea acelui boier căruia, la Unire, i se spune *român*, iar el se supără, cum zice Alecsandri în Introducerea la *Scrierile lui Constantin Negruzzi*: „Nu-mi spune mie «român». Român e țăranul, eu sunt boier moldovan“.

Vom înțelege și mai bine ce a vrut să spună Lucian Boia despre evoluția divergentă, dar oprită prin presiuni politice și culturale a dialectelor limbii române dacă luăm cazul paralel al *latinității iberice*, unde cele trei mari limbi romanice locale (fiecare cu dialectele ei), *spaniola* (castiliana), *portugheza* și *catalana*, au gramatici *identice* și împart același lexic, dar se disting în primul rând prin modul diferit în care s-a produs *eroziunea* latinei populare.

Nu există nici o diferență importantă între sintaxa, morfologia și tipologia gramaticală ale spaniolei și portughezei. Ele sunt surori gemene, care s-au tocit fonetic diferit, deși gramatica lor a rămas aceeași.

Lingvistul urmărește fără probleme acele procese paralele care au făcut ca un *f-* latinesc inițial să rămână *f-* în portugheză, dar să devină prin leniție *h-* în spaniolă, care *h-* apoi dispare în spaniolă, rămânând doar în scris, așa încât latinescul *facere* devine *fazer* în portugheză (pronunțat [făzèr], dar *hacer* [aθèr] în spaniolă. Pentru vorbitorul de rând, cele două vocabule nu au nimic în comun, după cum e greu de văzut că spaniolul *hermano* și nazalul portughez *irmão* sunt același cuvânt (= frate, din lat. *germanus*).

La fel, portugheza a împins procesul erodării mult mai departe decât spaniola, înghițind vocalele neaccentuate și făcând uneori cuvintele de nerecunoscut: *general* a devenit în portugheză *geral*, pronunțat cu *j*, pe când în spaniolă acel *g-* inițial e fricativa dură pe care o numim *jota*.

Cum scrierea este etimologizantă în ambele limbi, spaniolă și portugheză (mai puțin însă în catalană), fraze întregi sau pagini întregi pot arăta aproape identic pe hârtie, dar vor fi pronunțate total diferit.

Nu altfel s-a întâmplat între diferitele dialecte ale românei înainte de centralizarea politică și culturală. Astfel, în unele dialecte un *v-* inițial devenise *j-*, ducând la pronunții păstrate până azi precum *jin* și *jite* pentru *vin* și *vite*.

La fel, în unele dialecte un *j-* inițial era palatalizat, ducând la pronunții precum *gion* pentru *june* și *gios* pentru *jos*. Tot așa, în Câmpulungul Moldovei, în zona Sucevei, dar și în alte zone ale arealului romano-balcanic, precum în istro-română sau în albaneza de sud (dialectul tosk, pentru a ieși din aria romanică), s-a produs fenomenul *rotacismului*. Altfel zis: orice *n* a devenit *r*. *Bire* se spune și astăzi în istro-română (încă vorbită în câteva sate din Croația) pentru *bine*. Sau, pentru a cita dintr-o scrisoare de la anul 1600 a ciobanilor din Câmpulung al Moldovei către biräul de Bistrița: „Eu, Gheorghe de Câpulung, scriu închirăciuri și siritati [închinăciuni și sănătate]... etc... Această carti să să deia mira [în mână] birăului de Bistriți“ (Nicolae Iorga, *Scrisori de negustori*, strânse de el din arhive și publicate în 1925, scrisoarea XXX).

Fenomenul rotacismului a afectat în paralel albaneza de sud și unele dialecte românești, făcând ca anumite forme cu rotacism să rămână până azi în cele două limbi, precum *verë* în albaneză (de la *vin*) și *fereastră* în română (*fenestra*). Putem chiar urmări procesul unei hipercorectitudini care a făcut că, după ce latinescul *corona* a devenit *kurorë*, cum e până astăzi în albaneză și cum în mod cert a fost *curoră* în unele dialecte românești, conștiința și convingerea că acolo trebuia să fie un *n* au transformat la loc cuvântul *curoră* în *cunună*, care a rămas în română alături de re-împrumutatul *coroană* (și cu verbul derivat a *cununa*: a încorona).

La fel au rămas simultan în română, probabil din dialecte diferite, corectul istoric *cânepă* (albaneză de nord *kanp*: *cannabis*) și rotacizatul *cârpă* (albaneză de sud *kërp*).

Acum devine limpede că dialectele românești care nu ar fi fost forțate prin constrângeri politice și culturale să se adapteze unor reguli impuse ar fi evoluat în direcții la fel de divergente precum au făcut-o spaniola și portugheza. Căci dialecte care zic unele *jin, jite, gios, bire* și *cororă*, iar altele *vin, vite, jos, bine* și *cunună* devin la fel de distincte precum în Peninsula Iberică cele care spun *fazer* și *irmão* (portugheza) față de cele care zic *hacer* și *hermano* (spaniola castiliană).

Moldova era în plină tendință *jin, jite, gios, bire* și *cororă* în unele regiuni, în vreme ce în altele se produsese deja acea palatalizare despre care scrie Cantemir (*Dacopatia*, ed. a 2-a, p. 25) și care duce la *chiatră* și *chicior*, pentru *piatră* și *picior*. Divergențe la fel de mari ca și cele care au dus la scindarea portughezei de spaniolă (și de catalană) până la a face ca limbile iberice să nu se mai poată înțelege reciproc, deși gramatica lor este structural și tipologic aceeași.

## Continuumul dialectal slav

La fel funcționează și continuumul dialectal slav (despre care vezi mai multe în textul lui Trubetzkoy tradus în Anexa I), care merge într-un arc de cerc de la rusă cu dialectele ei, trecând prin bielorusă și ucraineană cu dialectele lor, spre polonă, cehă, slovacă, leșitică și toate celelalte limbi slave vestice, alunecând apoi în sud spre slovenă, croată (multiplele dialecte slovene și croate), sârbă, macedoneană și bulgară, care, aceasta din urmă, închizând cercul, se apropie lexical cel mai mult de rusă, chiar dacă nu gramatical. Doar accidentele istorice și politice au făcut ca unele dintre acestea să devină limbi, iar altele să fie reprimate ca dialecte deviante. Multe sunt însă dialectele de tranziție care nici măcar nu pot fi clasate într-o limbă sau alta, dialecte de tranziţie între slovenă şi croată, de pildă, între polonă şi slovacă, între ucraineană şi bielorusă.

Aşa încât nu este decât o dovadă de bun simţ istoric şi filologic să spunem că Ştefan cel Mare *ar fi fost nedumerit dacă cineva i-ar fi zis că e român.*

### Există oare „limbi superioare" şi „limbi inferioare"?

Un alt clişeu iritant: acela că ar exista „limbi superioare". Atunci, dacă ar fi aşa, ele nu sunt cele pe care le credem astfel.

Da, printre multele mituri populare despre limbaj se numără şi cel al presupusei „superiorităţi" ce ar caracteriza unele limbi (europene, se înţelege). Neokantianul Ernst Cassirer remarca însă deja acum un secol, în *Filozofia formelor simbolice*, că 1. cu cât ne afundăm mai adânc şi mai departe, în urmă, în istorie, limbile vechi se arată mai complicate (ajunge să ne gândim la complexitatea gramaticală a unui text în latină, greacă homerică, sanscrită sau sumeriană) şi 2. astăzi, sau în istoria modernă, cele mai complexe şi drăcesc de dificile limbi se arată a fi cele ale ultimilor „sălbatici" din Amazonia sau Noua Guinee.

Că limbile moderne nu sunt mai perfecţionate decât cele din vechime sau decât cele ale indienilor amazonieni care umblă goi prin ce a mai rămas din junglă ne-a arătat-o pe deplin Chomsky, cu teoria lui, amplu demonstrată, a acelei *deep structure*, structura înnăscută a comunicării lingvistice, care nu ţine seama de aspectele externe ale gramaticii, mai mult sau mai puţin baroce. Dar cum rămâne cu limbile „complicate"?

Ei bine, nu există limbă „complicată" în sine, ci întotdeauna o limbă e „complicată" pentru vorbitorii altor limbi cu o tipologie diferită. Un vorbitor de arabă, de pildă, va găsi româna infinit mai complicată decât ebraica, o altă limbă semită, care funcționează exact după tipologia arabei (*cf.* mai departe subcapitolul „Teoria Johannei Nichols").

Nu limbile noastre moderne, așadar, se arată cele mai complexe și capabile de infinite nuanțe. Da, spunea Ernst Cassirer, limbile acelor vânători-culegători din junglă sunt pentru noi de o complexitate monstruoasă. Aceia nu au un simplu verb „a fi", ci multe-multe, un set întreg în funcție de starea în care te afli: așezat, cugetând, bolnav, trist sau alert pentru că ai auzit o trosnitură. Tu nu „ești", tern și pur și simplu, ci exiști ca un *Dasein* heideggerian fulgurant, schimbându-te de la un moment la altul, de la o activitate la alta.

La fel, presupușii „sălbatici" nu au un simplu verb „a merge", ci o serie întreagă de verbe care descriu deplasări și locomoții fundamental diferite, nu doar mersul repede sau încet, ci și dacă te oprești din când în când, dacă pășești cocoșat ca să nu fii văzut, sau avansezi în zigzag pentru a nu lăsa urme clare și ușor de urmărit. De multe ori, aceste verbe sunt monoconsonantice și inserate în structura unei lungi construcții polisintetice care este fraza-cuvânt.

Dacă comparăm asta cu structura simplă la care a dus erodarea limbii engleze de azi, mai ales în varianta ei „globish", „bazică", vedem care sistem lingvistic e mai exact, mai complex, perfecționat și oferind nesfârșite nuanțe (utile, de altfel, supraviețuirii).

## Lexicul „superior“: o iluzie

Ah, dar la altceva se gândesc cei care cred cu tărie în superioritatea limbilor noastre post-coloniale! Ei atrag atenţia asupra faptului că limbile noastre vechi, greaca, latina sau germana, au creat filozofii şi un întreg vocabular tehnic pentru multe ştiinţe. Cum să transpui filozofia lui Platon în limbi amazoniene precum Xavante sau Tupi-Guarani?

Ei bine, prin împrumuturi. Aici, europeanul de rând confundă complexitatea gramaticală cu bogăţia lexicală. Latina era o limbă săracă, vorbită de ţărani bănuitori şi arţăgoşi, în momentul în care s-a întâlnit cu cultura greacă. Întregul vocabular tehnic, filozofic sau lingvistic al latinei e împrumutat direct (precum: *philosophia, historia, logos* sau *hora*), sau furat, sau re-făcut după modelul vocabularului grec, care la rându-i era cât se poate de simplu şi explicit.

Astfel, după *hypokéimenon* (ὑπο-κείμενον), latinii au creat, traducând servil: *sub-iectum*, adică ceva care e „întins dedesubt“ – „subiectul“. (Şi noi am împrumutat, de altfel, *hypokéimenon* = „ipochimen“! Doar că înseamnă altceva.) Procesul avea să fie refăcut ulterior de o limbă ca germana, care s-a inspirat pe faţă din greacă-latină, ca atunci când din *trans-latio*, ideea de a muta ceva (un sens, o idee) dintr-o parte în alta (de unde: *tra-ducere*), germana a imitat, făcând: *Übersetzung*, *über-setzung*, la rându-i imitat de rusă: пере-вод = tra-ducere, „*pere-vod*“. Nimic nu ar opri, aşadar, limbile Xavante sau Tupi-Guarani din Amazonia să-şi creeze la rândul lor un asemenea vocabular tehnic sau filozofic, căci nu în numărul de cuvinte împrumutate sau create artificial şi conştient rezidă complexitatea unei limbi.

შემომეჭამა...

*Şemomeceama*... termen georgian care va fi explicat imediat. Vom reveni mai departe, în acest volum, la clasificarea limbilor şi la feluritele tipologii gramaticale posibile. Deocamdată, să spunem doar că, atunci când mai crezi (din neştiinţă) că rusa sau araba (sau germana, sau persana) sunt limbi dificile, ar trebui să încerci un pic, ca să te distrezi, verbele indirecte din georgiană (limbă *kartveliană*, sud-caucaziană, de tip *ergativ*, iar nu de tip *acuzativ*, ca ale noastre sau ca cele semite).

Această limbă *kartveliană* (aşa îşi spun georgienii între ei şi aşa se numeşte familia de limbi din care principala e georgiana, numită tradiţional, cu un termen luat de la ruşi, şi *gruzină*), pitită peste mare, în Caucaz, una dintre cele mai dificile de pe planetă (ca toate limbile caucaziene, amazoniene, sau ca *basca*, sau *burushaski*), limbă care funcţionează aşadar pe ceea ce numim un sistem „ergativ". Altfel zis, dumnealor nu înţeleg cum este cu acuzativul nostru, nu posedă aşa ceva, la ei *actantul* se modifică în frază, iar nu *obiectul* posedat. Tu, în schimb, cel care faci acţiunea, tu te modifici gramatical (ceea ce e foarte just, dacă privim din punct de vedere metafizic).

„Te iubesc", de pildă (a iubi, ca mai toate verbele importante, este un verb „indirect"), e în georgiană un fel de „*mie-tu-îmiplacitufiind*", *miq'varhar*. Dar când tu mă iubeşti pe mine este: *giq'varvar*, adică „ţie-eu-îţi-plac-fiind".

Problema este că, şi dacă eu te posed (მყავხარ, *mqavhar* = te am), subiectul gramatical eşti tot tu, pe când eu, cel care se presupune că posedă, rămân pasiv, ceea ce îmi explică acum multe relaţii amoroase de-ale mele trecute.

E, de altfel, limba în care poţi spune într-un singur cuvânt: *şemomeceama* (შემომეჭამა), ceva atât de complex încât trebuie parafrazat prin „nu-mi era foame, dar am mâncat tot, însă nu-mi este rușine, pentru că am făcut-o din neatenție".

Spune-le tu acum georgienilor că ești sofisticat și că vorbești o limbă europeană „superioară" sau mândrește-te la ei cu mult trâmbițatul nostru „dor".

## Obsesia limbii unice, universale

Unul dintre cele mai obtuze, ignorante și agresive derapaje intelectuale (dacă termenul „intelectual" are vreun sens aici) este să spui, oftând cu exasperare, atunci când ești confruntat cu texte în limbi de neînțeles, sau cu francezi care stâlcesc engleza, sau insistă arogant să nazalizeze rârâind între ei: „Of, ce bine-ar fi să putem toți vorbi aceeași limbă."

Celor care spun asta li se pare că viața ar fi mai simplă, mai ușor de trăit și că ne-am bucura mai mult de puținul timp pe care îl petrecem pe pământ dacă nu am fi nevoiți să nazalizăm, sau să învățăm tot felul de terminații în limbi cu imperiul apus.

Ce tristă ar fi însă o asemenea sărăcie planetară (pe lângă faptul că ea este, din fericire, irealizabilă). Ce trist ar fi să pierdem toate literaturile trecutului, pe care ar trebui să le citim prin filtrul traducerilor într-o limbă unică. Pentru cei mai mulți susținători ai acestei aberații, acea limbă universală ar trebui să fie engleza.

Nu trebuie însă să avem mai multă complezență nici pentru absurzii susținători ai unei limbi artificiale universale. De la *esperanto* și *volapük* până la *klingoniană* și *na'vi* (limba din *Avatar*), creatorii limbilor artificiale au încercat să țină gramatica extrem de simplă, ceea ce, desigur, reduce posibilitățile poetice.

Cum rămâne apoi cu pronunția, cu fonetica limbii universale? Tot marele lingvist rus Nikolai Trubetzkoy, despre care am spus că vom vorbi de multe ori în această carte, se ocupase deja de asta în anii 1930. Fonetica unei limbi universale, spunea el, ar trebui sa fie foarte simplă, ceea ce nu este deloc cazul englezei, pe care nivelatorii actuali o doresc limbă universală. Devenită limbă planetară, engleza s-ar simplifica fonetic. Ea ar pierde consoanele acelea dentale din *THin and THat*, de nepronunțat pentru majoritatea locuitorilor planetei și care ar fi înlocuite prin *s* și *z*.

La fel, dacă am dori răspândirea unei limbi artificiale, acea limbă ar trebui să fie foarte săracă fonetic. O limbă artificială nu ar putea, astfel, fi o limbă tonală, precum chineza sau vietnameza sau unele limbi din Africa de vest. O limbă artificială ar trebui să nu facă distincție între consoane sonore și consoane surde, de pildă între *p* și *b*, sau *t* și *d*, pentru că nenumărate sisteme fonetice de pe planetă nu le disting. Arabofonii, de pildă, cum am spus mai sus, nu fac nici o distincție între *p* și *b*. Pentru a fi pronunțabil de toată lumea, sistemul fonetic al unei limbi artificiale universale ar trebui să fie foarte sărac, fără vocale nazale ca în franceză sau portugheză.

Când se propune engleza ca limbă universală, dată fiind hegemonia americană combinată, până recent, cu cea britanică, se sugerează o analogie cu Imperiul Roman, cu *pax romana* și felul în care latina a civilizat Occidentul.

Se uită însă un lucru fundamental, și anume că latina și cultura romană s-au răspândit în tandem cu limba greacă și cultura greacă. Întreaga aristocrație romană era compusă din oameni bilingvi. Așa cum, în timpurile republicane, romanii înstăriţi îşi trimiteau copiii să fie şcoliţi de etrusci, în Roma imperială educaţia era grecească.

Latina nu s-a răspândit aşadar niciodată singură, nivelând totul, ci cuplată cu greaca. Analogia cu engleza, limba unică de astăzi, este aşadar înşelătoare. Într-atât de mult era răspândită greaca în clasele superioare ale Romei, încât unii istorici presupun că până şi Cezar, când a fost asasinat, a horcăit în greacă, iar nu în latină, acea dojană: „Şi tu, Brutus.“ Dar engleza, în special în varianta ei americană, nu vine însoţită de un asemenea geamăn cultural, aşa cum au promovat romanii greaca.

Însă ceea ce ignoră în special partizanii unei limbi universale este faptul că ea ar evolua ineluctabil spre dialecte diferite. O limbă unică la scară planetară nu s-ar putea menţine fără a se sparge în argouri şi versiuni locale devenite, încetul cu încetul, de neînţeles una faţă de alta. Am dat mai sus exemplul limbilor romanice din Peninsula Iberică, dar şi pe cel al feluritelor dialecte ale limbii române (pe care ne încăpăţânăm să le numim *graiuri*), care, dacă nu ar fi fost supuse unui centralism cultural forţat începând din secolul al XIX-lea, ar fi urmat soarta limbilor romanice iberice.

## Idei preconcepute: nu ştim cum suna latina

Auzim deseori de la un cutare lingvist insanităţi precum: „Ah, mi-aş da un braţ ca să aud cum suna latina în epoca lui Ovidiu...“

Realitatea este însă că ştim foarte bine cum suna latina, doar că şcoala românească a pronunţat-o întotdeauna rău. Astfel, în cartea a şasea a *Metamorfozelor*, Ovidiu cântă în versuri înecate în aliterații ironice cum poporul lician (locuitorii din Lycia) a fost pedepsit de zei, iar oamenii au fost transformați în broaște:

> *Quamquam sunt sub aqua, sub aqua maledicere temptant.*
> („Deși ajunși sub apă, chiar și sub apă vor să clevetească.")

Acum... este atât de limpede că în acest vers Ovidiu imită orăcăitul broaștelor: broaștele fac [oac, oac], or în versul acesta avem de patru ori: [cuam-cuam]... sub [acua] sub [acua]... de patru ori fac acolo broaștele oac-oac. *Quamquam sunt sub aqua, sub aqua*... Este limpede că pronunția nu putea fi [cvamcvam] și [acva], cum zicem noi la școală, ci *cuamcuam* și *acua-acua*.

E la fel de limpede că pronunția latină a lui Ovidiu era ca în italiana de azi: *acqua*, pentru că un *-cva-* ar fi dus la [acvă] în română, iar nu la [apă]. Spunem [apă] pentru că orice *-qu-* latinesc a dat un *-p-* în română. *Aqua* a dus la „apă" exact la fel cum *equa* (femininul de la *equus*) a dus la „iapă".

De aceea, un *qui pro quo* nu a putut niciodată fi pronunțat în latină [cviprocvo], cum spunem noi. Iar acvatic și cvorum (*aquaticus* și *quorum*) sunt monstruozități fonetice.

### *„Quod scripsi, scripsi"...*

Scrisesem mai înainte despre graiul oltenesc și cum râd bucureștenii despre felul acestora de-a folosi perfectul simplu ca timp principal al trecutului.

De fapt, putem vedea de îndată latinitatea limbii române întrebându-ne dacă perfectul simplu al verbului „a coace" este în română eu „cocui" sau eu „copsei".

Perfectul (simplu) era cea mai banală şi mai frecventă formă de exprimare a trecutului în latină. Formele au rămas în română remarcabil de bine conservate. Astfel:

– de la *ego possum* (eu pot), perfectul e *ego potui* = eu putui. *Tu potuisti* = tu putuşi etc.

Odată priceput algoritmul, e aproape mecanic:

– *ego pono* = eu pun și, previzibil, *ego posui* = eu pusei.

– *torqueo* = torc, deci perfectul va fi *ego torsi* = eu torsei.

Sau, de la *scribo*: *ego scripsi*, de unde în română „eu scrisei". Cum zice Pilat în versiunea latinească a Evangheliilor (în Vulgata): *Quod scripsi, scripsi*... adică: „Ce scrisei e bun scris" (Ὃ γέγραφα γέγραφα).

Aşa putem reconstitui chiar forme latineşti neatestate. Astfel, de la verbul *tergo* (eu (ș)terg, a (ș)terge, *tergere* în latină) putem reconstitui forma latinească neatestată **tersi*, pornind de la românescul „ştersei".

Celor care încă mai au nevoie de dovezi că româna vine din latină le putem arăta că, dincolo de predictibilitatea corespondenţelor, unele neregularităţi nu se pot explica decât prin latină. Astfel, de la verbul „a coace", perfectul simplu care ar veni instinctiv şi care s-ar impune logic ar fi: „eu cocui". În realitate este „eu copsei" pentru că în latină era *coquo – coxi*. Dar x-urile alea intervocalice (adică: *-cs-*) au dat > *-ps-* în română. Astfel: *coxa* > coapsă, aşa încât *coxi* a dat > copsei.

De aceea, oricât am râde de olteni cu perfectul lor simplu, ei sunt cel mai aproape de utilizarea latinească a timpurilor, căci faimoasa frază a lui Cezar: *Veni, vidi, vici* nu e altceva decât oltenescul „Venii, văzui, (în)vinsei"!!!

### *Ce fel de latină se vorbește în serialul „Barbarians"*

Dar italienizarea latinei, în pronunția actuală a Vaticanului, poate fi la rându-i excesivă. În serialul *Barbarians*, difuzat pe Netflix, barbarii germanici vorbesc nemțește (în germana literară de azi), în schimb romanii vorbesc în latină. Ce fel de latină e însă aceea?

Pentru a da un exemplu similar, în filmul *Patimile lui Hristos* regizat de Mel Gibson, de pildă, romanii vorbesc latină cu accent italian, ceea ce pentru un lingvist e cu totul ridicol. În scena din filmul lui Mel Gibson în care Pilat își întreabă consoarta: *Potes me dicere*? („Poți să-mi zici?"), iar ea răspunde: *Nemo tibi dicere potest.* („Nimeni nu-ți poate spune [asta]."), *dicere* este pronunțat exact ca verbul italian *dicere* de azi, când de fapt în vremea aceea ar fi fost pronunțat *dikere.*

Or în *Barbarians*, serialul de pe Netflix, se vorbește, corect istoric, cu pronunția *dikere* și *dikite*. Aici trebuie spus (*opportet dicere*) că palatalizarea lui *k*- înainte de *-e* și *-i* nu avea să înceapă decât un secol sau două mai târziu de vremea lui Hristos, iar într-o limbă cum e sarda (care nu este un dialect italian, ci o limbă aparte) nu avea să aibă loc niciodată. În sardă, și astăzi numeralul 100 se pronunță ca în latina clasică: [kent] (scris „*chent*", potrivit convențiilor italienei), cum era pronunțat latinescul *centum*. La fel, Caesar era pronunțat în latina clasică [kaisar], cum a și intrat în germană (*Kaiser*).

De asemenea, spre deosebire de greacă, latina a avut o scriere deficitară, cu un alfabet adaptat din cel etrusc, de la stăpânii anteriori ai Romei. Cum etrusca nu era o limbă indo-europeană și avea o cu totul altă fonetică, alfabetul limbii latine a păstrat toate neajunsurile unei scrieri transmise de la o civilizaţie la alta fără a fi fost foarte bine adaptată.

Astfel, neajuns uriaş, scrierea latină, spre deosebire de cea greacă, nu indica în nici un fel lungimea vocalelor. Or latina, precum limbile germanice azi sau o limbă slavă cum e ceha, făcea o distincţie netă, importantă semantic şi morfologic, între vocale scurte şi vocale lungi. De exemplu, în engleză *hit* şi *heat* se deosebesc doar prin lungimea lui *-i-*, dar latina le-ar fi scris pe ambele „hit". În declinarea substantivelor, pentru a da un exemplu latin, *rosa* se scrie identic dacă e subiect, la nominativ, sau dacă e la cazul ablativ: *sub rosa*. În realitate, la ablativ era pronunţat *rosaa*, cu *-a-* lung, ceea ce ar permite deosebirea cazurilor şi fără o prepoziţie cum e *sub* (mai multe despre asta în subcapitolul de mai jos „Teoria clasică a feluritelor tipologii lingvistice").

În privinţa pronunţiei limbii latine, s-au înfruntat astfel, pe la anul 1500, două mari şcoli complet opuse: cea a lui Erasmus (din Rotterdam) şi cea a lui Reuchlin. Ei bine, Reuchlin pronunţa latina de parcă ar fi fost italiană (pronunţie care se predă la şcoală şi în România şi pe care o regăsim în filmul lui Gibson, catolic fundamentalist, pentru că asta e şi pronunţia Vaticanului). Erasmus, în schimb, a reuşit să reproducă, destul de corect lingvistic, pronunţia clasică a latinei şi aceea este fonetica latinei favorizată azi în ţările nordice, inclusiv în Germania. Aceea este corectă istoric.

Altfel zis, deşi serialul *Barbarians* e plicticos şi rău jucat şi nu se compară cu unele similare, precum *Vikings*, iar dialogurile în latină sunt învăţate pe deasupra de actori şi pronunţate nenatural, totuşi din punct de vedere lingvistic totul e corect acolo, inclusiv fonetic. Cineva a muncit mai temeinic acolo decât oricine a fost la originea dialogurilor latinești din filmul lui Mel Gibson.

Inclusiv în acel „*Futue te!*“... aruncat de centurionul roman care vine la jefuit la începutul primului episod din *Barbarians*. „*Futue te!*“ e tradus „Fuck you“ în engleză, dar nu-i altceva decât românescul „*Futu-te*“..., glorioasă confirmare indirectă a latinității noastre.

### *Alte dovezi ale latinității noastre găsite în bordelul lui Petronius*

*Satyricon*-ul lui Petronius, scris în vremea lui Nero, cu jumătate de secol înainte de cucerirea Daciei de către Traian, produce, prin faptul că redă limba vorbită de oamenii simpli și că expune moravurile gloatei urbane, un uluitor simțământ de familiaritate: da, cam de acolo venim... Iată un fragment în care Encolpius s-a pierdut în oraș, unde tocmai închiriase o cameră, și, obosit, învârtindu-se prin piață, întreabă o bătrână care vindea niște legume amărâte dacă nu îl poate ajuta să se orienteze:

— *Te rogo, mater, numquid scis ubi ego habitem?* („Te rog, măicuță, știi cumva unde locuiesc eu?“)

Încântată de o glumă atât de proastă, bătrâna:

— *Quidni sciam?* („Cum să nu știu?“) ...*et coepit me praecedere* („...și o porni înaintea mea“ – *coepit* = în-cepe / *praecedere* > a purcede).

„O fi vreo vrăjitoare“, își zice în cap Encolpius mergând după ea. Ajungând într-un loc dosit, bătrâna ridică o perdea și spune: *Hic debes habitare* („Aici trebuie să locuiești“).

*Cum ego negarem me cognoscere domum, video quosdam inter titulos nudasque meretrices furtim conspatiantes* („Cum negam că aș cunoaște casa, văd plimbăreți furtivi printre inscripţii [probabil cu tariful zilei] şi prostituate goale").

Totul, de la limba vorbită de personaje până la duplicitatea bătrânei care îl duce la bordel şi stilul umorului, sună ca o povestioară de Creangă. Iată: mai tare decât dovada prin ADN...

### *„Ete", „na", „păi" şi alte particule „vulgare"*

Normele lingvistice nu arată întotdeauna logică, iar ghilotina cenzorilor oficiali ai limbii poate cădea oricând peste cele mai venerabile şi respectabile structuri, particule sau forme gramaticale, doar pentru că nişte parveniţi ai Logosului au ajuns la un moment dat la putere.

Aşa s-a întâmplat cu particula demonstrativă („interjecţie" după unii): *na!*... *Na* pe care îl pronunţi când prezinţi sau oferi un obiect sau o idee: „Na telecomanda".

„Na" e prezent în toate limbile balcanice, de comparat cu slavo-macedoneanul *ena!* („iată!", „poftim"), ba chiar şi în greacă: „Να ένας άνθρωπος"... „Iată un om!"/„Na un om!"... În română însă, fără nici un motiv logic, uman, arhaicul „na!" a fost decretat „vulgar".

La fel şi *ete*: e pan-indo-european, urcă până la sanscrita Vedelor şi e identic cu latinescul *ita*. „Ete" e de comparat cu slavonescul *eto*, *to* (это în rusă), ba chiar, ca pronume de persoana a treia singular, este identic cu englezescul *it* şi olandezul *het* (acesta devenit articol). Dar în română, oroarea de limba ţăranilor a făcut, acum multă vreme (mai bine de un secol deja), că s-a decretat că nu poţi să zici „ete", cu atât mai puţin dublul provocator „ete na!".

Păcat, pentru că aşa limba a pierdut jocul particulelor şi ne este foarte greu să interpretăm şi să traducem textele greceşti antice, de la Homer la cele ale Evangheliilor, trecând prin Platon și tragici. Am pierdut jocul particulelor fluide, intercalate între cuvinte, precum *de*, *te*, *ge*, *gar* și altele din greaca veche, care asigurau fluiditatea și frumusețea textelor. De pildă, atunci când într-un dialog platonician Socrate răspunde „*To de ge esti*", el ar fi putut răspunde simplu: „*To esti*" = „Așa este", dar „*To (de) (ge) esti*", cu aparent „inutilele" *de* și *ge*, τὸ δὲ γε ἔστι dă imediat viață textului, căci de fapt Socrate răspunde: „Păi da!", care e cu totul altceva decât platul „Așa este".

Dar noi nici „păi" nu mai avem voie să zicem, că sar imediat parveniții limbii, cenzorii și logofeții cu dicționare secăcioase și reguli aride în șănțulețele creierului, cei care sugușă limba pentru că niște funcționari anonimi au decretat că „nu se zice așa".

Eu însă nu-i iau în seamă, ete na!... Îmi amintesc mereu că unui mofluz care-i reproșa că nu știu ce cuvânt folosit de el nu era *francez*, Victor Hugo i-a răspuns: „O să devină."

## Pericolul etimologiilor populare: de unde vine cuvântul „femeie" și cum s-a înșelat Grigore Ureche

Dau aici un exemplu pentru a arăta pericolul etimologiilor populare și al miturilor urbane, cum e cel de care am tot vorbit în *Dacopatia* despre falsa origine germană a țigănescului *mișto*. În *Letopisețul Țării Moldovei*, Grigore Ureche se arată a fi primul cărturar care demonstrează (pe la 1645) cu argumente lingvistice, de vocabular, alese din lexicul de bază, că limba română vine „de la rîmleni": „Cele ce zicem ca în latină, *pâine*, ei zic *panis*; *carne*, ei zic *caro*; *găină*, ei zic *galina*; *muierea* – *mulier*;

fămeia – *femina*; *părinte* – *pater*; *al nostru* – *noster*, și altile multe din limba latinească, că de ne-am socoti pre amăruntul, toate cuvintile le-am înțelege".

Acum, iertându-i lui Ureche aproximările (unele făcute literalmente „după ureche"), este acolo una total greșită, eronată, dar care se arată plină de învățăminte: *Femeie* nu vine câtuși de puțin de la *femina*, cum ar părea evident, ci este rezultatul evoluției particulare în româna veche (dar și în albaneză) a latinescului *familia*!

În lingvistică trebuie să ne păzim întotdeauna de apropierile ce par a se impune cu prea multă evidență. Astfel, latinescul *habere* și germanul (pangermanicul, de fapt) *haben* (a avea) nu au absolut nimic în comun, avem acolo o simplă coincidență, o *omofonie*, deși cele două familii de limbi, italice și germanice, sunt înrudite, fiind indo-europene. (Germanicul *haben* este în realitate înrudit cu latinescul *capio*, a lua, a prinde, a ține.)

Așa încât termenul *femeie* din lexicul de bază al limbii române nu vine, în ciuda sensului și a aspectului său fonetic, de la *femina* din latină. *Femina* dispăruse mai peste tot în latinitate (cu excepția notabilă a franțuzescului *femme*), iar termenul folosit curent era *mulier*, păstrat perfect în aromânul *muljari* și portughezul *mulher*, dar mai erodat în sp. *mujer*, it. *moglie* și rom. *muiere*.

*Muiere*, așadar, nu a avut, vreme de aproape două milenii, nimic peiorativ, iar vorbitorii de (proto)română au spus *muierea mea* pentru soața legitimă cu aceeași naturalețe cu care italienii spun și azi *mia moglie*.

*Femeie*, în schimb, cum de altfel o și recunosc dicționarele etimologice românești, este în realitate forma luată în latina dunăreană de latinescul *familia*. Chiar și în latină, *familia* nu desemna celula familială ca cea de astăzi, alcătuită din soț, soție și copiii lor, ci era mai degrabă sinonim cu ceea ce numim azi „gospodărie"; *familia* vine de la *famuli*, aceștia desemnând servitorii, sclavii și persoanele dependente de un *pater familias*, de un cetățean-stăpân. Printre aceste persoane dependente intrau soața și copiii, dar și un *famulus* (șerb, sclav), sau mai mulți *famuli*, iar ansamblul acestui șeptel domestic era numit *familia*.

*Familia* a dat un foarte regulat *fumealji*/*fãmealji* în aromână, însă în română și în albaneză cuvântul „familia" a evoluat, fenomen cunoscut și în alte limbi și culturi arhaice, spre sensurile: 1. „stăpâna casei", mama familiei, soție (în română, de unde generic și tardiv: *fămie* > *femeie*); 2. în albaneză, limbă cu un masiv fond lexical neolatin, sensul restrâns de „copil, copii": *fëmijë*.

*Fëmijë* (copil, pronunțat *fămiă*) în albaneză vine așadar din latinescul *familia*, ca și românescul „femeie" (care istoric-fonetic, precum la Ureche în textul pomenit, a fost mai întâi *fămie*).

Cuvântul *familie* din româna modernă este în schimb un împrumut recent (sec. al XIX-lea) din franceză și italiană, pe când în aromână el s-a păstrat în linie directă: *fumealji* (familie), cu totul distinct de *muljari* (femeie).

### *De ce e important să știm că forma veche e „fămie", iar nu „femeie"*

Faptul că „femeie" vine de la latinescul *familia*, iar nu de la *femina* e dovedit și fonetic-lingvistic. Dacă ar fi supraviețuit în română, *femina* ar fi dat un ipotetic: *femină, așa cum *farina* a dat *făină*, iar *fontana* > *fântână*.

În schimb erodarea lui *familia* spre „fămie" (și ulterior > femeie) e ușor de explicat și era previzibilă: un *-l-* intervocalic, mai ales urmat de *-i*, dispare în română. Așa cum *gallina* a dat *găină* (lucru, cum am văzut, remarcat şi de Grigore Ureche), la fel *familia* a dat *fămiă*.

Lucru întărit şi de aceea că *fămie* în sensul de soaţă, consoartă, nevastă nu este doar un vechi regionalism moldovenesc, ci îl întâlnim şi în Ardeal, de pildă în dedicaţia din altarul bisericii de lemn din Găbud, unde citim cum ctitorii au fost Crăciun Gheorghe „şi *fămiia* sa".

### *„Fămia"/„femeia" şi numele „casei"*

În multe limbi, numele soţiei, al femeii prin excelenţă, al mamei familiei, e construit pe rădăcina termenului care desemnează casa. Aşa a fost în dreptul latin: *domina* vine de la *domus* (casă). Vorbitorul de italiană de azi care spune *donna* (sau cel de română care spune *doamna*) nu are conştiinţa faptului că termenul *domina*, doamnă, *donna*, derivă din *domus* (casă), încă din preistoria limbii.

Asta ne permite să rezolvăm o iritantă enigmă: cuvântul paştun (din limba iraniană a talibanilor din Afganistan) pentru femeie: *khadza* (ښځه pronunţat [*hădza*]) aduce straniu şi intrigant cu cel pentru „casă" din limba iraniană osetă, din Caucaz, limbă apropiată de paştună: *хæдзар* (pronunţat [*hădzar*]). Avem aşadar *hădza* paştun pentru „femeie" şi *hădzar* oset pentru casă (nu coşmelia, casa arhitecturală, ci gospodăria cu şeptelul ei uman, *the household*, „familia"; nu habitatul material, aşadar, ci partea feminină a celulei sociale): este limpede că termenul oset (*hădzar* = casă) e cel arhaic, pe când cel paştun (*hădza* = femeie, soţie) este cel derivat. Exact la fel cum „femeia" în română este un derivat al latinescului „familia".

Avem aşadar un fapt stabilit: „femeia" românească, precum şi *fëmijë* (copil) în albaneză derivă din *familia*, iar nu din dispărutul încă în epoca istorică *femina*, care fusese înlocuit mai peste tot în latinitate cu *mulier*, muiere.

La fel, până l-a împrumutat în vremuri moderne din franceză şi/sau italiană, româna nu a cunoscut cuvântul „familie" (din moment ce acesta devenise la noi... *femeie*). Pentru a spune „familie" în sensul de azi, cronicarii zic în general „jupâneasa şi copiii", sau „casa lui". „I se istovi şi casa lui", scrie Neculce pentru a rezuma dispariţia familiei, ba chiar exterminarea neamului întreg al unui logofăt.

Dar bunii cronicari Ureche şi Neculce nu-şi puteau imagina asemenea subtilităţi de antropologie şi de arheologie lingvistică. Ba chiar nici mult mai educatul Cantemir, jumătate de veac mai târziu, care avea să scrie o pagină atât de surprinzătoare despre cum femeile moldovene ale vremii lui vorbeau aproape o altă limbă decât bărbaţii (*Dacopatia*, ed. a 2-a, p. 24).

Asta e însă mai puţin important. Ce contează este să reţinem că asemenea evoluţii lexicale, precum cea care a făcut ca latinescul *familia* să devină românescul *femeie* (şi albanezul *fëmijë*, „copil") arată că sensul unor expresii vechi, precum aceea că ceva e bun „la casa omului", nu se referă la casa arhitecturală, ci la celula socială, familia apropiată, la femeie şi copii.

## La început a fost Cuvântul... sau structura?

Ἐν ἀρχῇ ἦν ὁ λόγος, καὶ ὁ λόγος ἦν πρὸς τὸν θεόν, καὶ θεὸς ἦν ὁ λόγος (Evanghelia după Ioan 1:1-2).

După o asemenea introducere care ne arată în ce măsură lingvistica predată în şcoli e îndepărtată de realitatea tipologică şi funcţională a limbilor reale, putem acum reveni la fascinaţia pentru Cuvânt.

În cultura noastră europeană, occidentală sau balcanică, nu trebuie să fii credincios ca să vezi – cum până şi un ateu pasionat de limbaj şi Logos o poate face – că discursul nostru de astăzi, felul în care folosim limba şi întreaga noastră literatură occidentală au fost fasonate şi determinate şi puse în forma actuală de retorica Evangheliilor.

Armenii, georgienii, goţii, slavii şi-au pus pentru prima oară în scris limba prin traducerea literală a Evangheliilor.

Greaca apostolilor a introdus, la rândul ei, o ruptură stilistică şi retorică cu tradiţia Antichităţii elene, nefăcând decât să imite ritmic turnurile semite ale textului aramaic original (aramaica fiind limba nord-semitică în care se presupune că au fost scrise iniţial Evangheliile), care nu ni s-a păstrat.

Acolo unde apostolii vorbeau între ei în aramaică, cu trimiteri permanente spre textele anterioare ale Torei şi prorocilor (acelea fiind scrise cu secole înainte în ebraică), ei n-au făcut decât să adapteze artificial gramatica şi stilul limbii greceşti la discursul profetic semit.

De aici repetiţiile, imprecaţiile în vorbe puţine, absenţa propoziţiilor subordonate. Limbaj profetic imitat ulterior şi de Mahomed, recitând în transă în araba de la Mecca, în misiunea ce avea să dea Coranul şi islamul.

Aşadar, *la început a fost Cuvântul*... Ἐν ἀρχῇ ἦν ὁ λόγος... în slavonă: искони бѣаше слово, la început a fost slova.

Una din cele mai abile îmbinări de slove din istorie.

### Logosul: masculin, neutru, sau lipsit de gen?

Ἐν ἀρχῇ ἦν ὁ λόγος... *La început a fost Cuvântul*, sau, în greacă, *Logosul*. Evanghelia lui Ioan începe cu aceste cuvinte care fac ecou, în mod limpede, acelui *Bereşit* (בראשית, *be-Reşit* = la început), primul cuvânt (sau mai degrabă primele cuvinte) din cartea Facerii care deschide Vechiul Testament (esențialmente Tora evreilor, căreia creștinii i-au adăugat câteva scrieri minore).

La început a fost Cuvântul, ὁ Λόγος. Geniul celui pe care-l numim Ioan Evanghelistul a fost de a-și începe relatarea istoriei lui Isus prin expresia adverbială „La început..." (Ἐν ἀρχῇ...), care, cum spuneam, nu e altceva decât cea care deschide Scriptura, Vechiul Testament (și Tora iudaică): בראשית, *be-Reșit*, „la început", și de a reda prin Logos (Cuvânt) ceea ce ebraica biblică numește דבר (*Dabar*, în pronunția modernă: *Davar*).

Misionarii și filologii creștini nu s-au înșelat, așadar, atunci când Noul Testament grec a fost tradus în ebraică, *ad promovendam christianitatem inter Judaeos*, punând la începutul Evangheliei lui Ioan cuvintele בראשית היה הדבר, pentru ca iudeul să priceapă că începe acolo o nouă carte sfântă, egală cu cea pe care el o știa deja (Tora = Vechiul Testament).

Varianta în arabă general acceptată a textului este mai puțin ambițioasă decât acel feedback ideologic și lingvistic ebraic: فِي الْبَدْءِ كَانَ الْكَلِمَةُ, unde *Logos* este redat prin *kalima*, Vorbă, Cuvânt, termen devenit unul din acele *universalia islamica* intrate în multe limbi ale popoarelor convertite la Islam. Avem astfel *kalam* sau *kelam* în traducerea Evangheliei în limbi atât de diverse precum farsi, urdu sau turcă.

În turca osmanlîie, din Turcia, Cuvântul Evangheliei este astfel *kelâm*, împrumutat din arabă, așa cum este *kəlam* în azeră (și în alte limbi turcice). În schimb, e probabil că pentru a evita termenul arab Biblia găgăuzilor creștini folosește pentru Cuvânt un termen pur turcic: *Söz* [Cëз]. (Găsim astfel: „*Başlangıçta* Kelam *var idi*" în turcă, dar: „*Bașta* Söz *bar edi*" în găgăuză.)

## Personificarea Logosului

În greacă, *Logosul* din textul de origine este masculin prin definiţie şi numai aşa poate fi identificat cu una din persoanele Sfintei Treimi. Valenţa masculinităţii dispare însă în limbile germanice sau slave, acolo unde *Cuvântul* este neutru. Avem astfel *das Wort* şi *het Woord* în limbile germanice şi neutrul – prin însăşi forma sa – *Slovo* în toate limbile slave.

### *...Dar majoritatea limbilor planetei nu au genuri gramaticale*

Aici ne apropiem treptat de ceea ce voi spune mai departe despre *tipologii* şi *structuri gramaticale*. Problema genului sau sexului Logosului este astfel inexistentă în limbile lipsite de genuri gramaticale. Ba chiar problema este absentă în majoritatea limbilor planetei. Ne-am obişnuit atât de mult cu genurile gramaticale (masculin–feminin–neutru; sau doar masculin–feminin; sau animat şi neutru, ca în olandeză, limbile scandinave sau hitita din Antichitate), încât trecem cu totul pe lângă faptul că majoritatea limbilor planetei ignoră genurile gramaticale. Limbile din marginea continentului european, precum basca, maghiara, finlandeza, georgiana (gruzina) sau turca, ignoră cu desăvârşire distincţiile masculin–feminin, dar chiar şi limbi indo-europene cum sunt armeana, farsi (persana) sau engleza le-au pierdut practic cu totul.

În realitate, genurile gramaticale sunt o bizarerie a limbilor noastre indo-europene şi a celor vecine, cele semitice (şi a unor limbi din Caucazul de nord). Sunt o trăsătură morfologică şi lexicală ivită în timpuri preistorice în bazinul Mării Mediteraneene, o particularitate areală, apărută poate prin contact, și care nu este foarte importantă statistic, la scară planetară.

Noțiunea de gen gramatical lipsește cu desăvârșire din limbile Extremului Orient: chineză, japoneză, coreeană, vietnameză, thai, tibetană, birmană, sau mongolă sau limbile siberiene (toate acestea fiind de altfel, cum voi insista aici, neînrudite între ele); după cum lipsește și din limbile celor două Americi. Statistic, așadar, o ciudățenie cum e aceea de a simți și a exprima ideea că o „casă" este feminină (*domus* în latină) sau masculină (*dom* în rusă) le e total străină vorbitorilor altor limbi, iar maghiarului lipsit de contact cu vorbitori de limbi (indo)europene nu i-ar trece prin cap că aceștia și-ar complica universul noțional acordând adjectivul *nagy* (mare) în funcție de „sexul" sau genul gramatical al casei (*ház*).

Cu totul altfel se pune însă problema într-un caz particular cum e cel al limbilor caucaziene de nord-est, cum sunt limbile din Daghestan sau *cecena*. Într-adevăr, *cecena*, precum și limbile din Daghestan (care prezintă o diversitate la fel de mare ca întreaga familie indo-europeană), oferă o rară particularitate: e vorba de „limbi cu clase nominale" (din aceeași categorie, mult mai cunoscută și mai studiată istoric, fac parte și limbile *bantu* din Africa, neînrudite, se înțelege de la sine, cu cele din Caucazul de nord, dar care prezintă exact aceeași tipologie, cum vom vedea mai departe). Toate cuvintele lexicului sunt în aceste limbi împărțite în felurite clase nominale ce corespund genurilor noastre gramaticale. Acolo însă unde limbile indo-europene prezintă un maximum de trei genuri, cecena de pildă are șase. Altfel zis, putem spune, simplificând grosolan, că cecena posedă genurile masculin, feminin și patru tipuri de neutru, distincte morfologic.

Multe din aceste cuvinte „neutre“ încep de altfel cu consoana care arată cărei „clase nominale“ aparţin. Astfel, în traducerea cecenă a Evangheliilor, fraza din Ioan este: Юьхьанца Дош дара, în transcriere: *yuhanţa* („la început“) *Doş dara* („Cuvântul a fost“). Cuvântul (*Doş*) aparţine clasei de neutre care încep cu *d*-, precum „inima“ (*dog*), „ploaia“ (*doğ*), „gingia“ (*dol*) sau „praful“ (*dom*). Mai mult, consoana cu care încep aceste neutre precedă şi rădăcina verbală: *Doş d-ara* („Cuvântul a fost“). Altminteri, dacă am fi folosit un cuvânt neutru din clasa *b*-, precum *bolkh* („muncă“), fraza ar fi fost: *yuhanţa Bolkh b-ara* („La început a fost munca“). Este limpede că într-o limbă cu o asemenea tipologie personificarea Sfântului Duh nu ar fi realizabilă decât făcând să intre termenul respectiv (*doş* = cuvânt) în clasa masculinelor, ceea ce este imposibil, mai ales dată fiind forma sa (morfologic, el nu poate fi decât un neutru, începând cu *d*-).

Tot aşa, culturile indo-europene aflate la baza creştinismului au căutat instinctiv să păstreze masculinizarea Logosului, evitând mai ales feminizarea sa. Astfel, franceza ar fi putut traduce foarte bine: „*Au commencement était* la Parole“, dar, cum *parole* este simţit ca fiind prea feminin, s-a preferat dintotdeauna „*Au commencement était* le Verbe“.

Într-o singură limbă indo-europeană, dintr-o neglijenţă perpetuată, Verbul, Logosul, Cuvântul este feminin: în albaneză: „*Në fillim ishte Fjala*“, unde *fjalë*, „cuvânt“, articulat cu articol hotărât: *fjala*, este de genul feminin.

## Tatăl Nostru și „limbile proto-capitaliste"

Toate acestea pălesc însă pe lângă dificultatea de a traduce un text precum *Tatăl Nostru* într-o limbă cum e cea a indienilor *navajo* din SUA, limbă dintre cele care folosesc *posesiunea inalienabilă*. Termenii comuni, precum cei de rudenie, membrii familiei, mădularele corpului, animalele domestice, femeile și copiii, armele și calul, nu pot fi folosiți în stare liberă. Nu există un cuvânt izolat precum *tată*. Nu poate exista în fluxul vorbirii decât *shizhé'é* – tatăl meu; *bizhé'é* – tatăl tău; *nizhé'é* – tatăl lor etc...

Cam greu, așadar, de redat șocul din „*Luke, I am your father*", sau de transmis adevărata semnificație din *Tatăl Nostru* (*Nihi Taa*)... Intelectualii navajo se amuză deja nespus cu toate astea, iar Internetul și Facebook în navajo sunt pline de propuneri și contrapropuneri.

Navajo nu e singura limbă în situația asta în care noțiuni fundamentale nu pot exista în stare izolată și trebuie să aparțină cuiva. O altă asemenea limbă este *burushaski*, din nordul Pakistanului, în munții Cașmir. Este vorba de o limbă izolată, vorbită de câteva sute de mii de oameni, supraviețuind din preistorie, precum basca sau majoritatea limbilor Caucazului. Or în burushaski, precum în navajo, funcționează *posesiunea inalienabilă*, altfel zis părțile corpului, copiii, femeile, armele și animalele nu pot exista gramatical în formă izolată.

În aceste limbi nu există, pur și simplu, noțiunile de mână, femeie, mamă etc. Nu se poate spune decât „mâna *mea*", „femeia *ta*" etc.

Astfel, în burushaski: *as* = femeia mea, *gus* = femeia ta, *is* = femeia lui etc. Nu există cuvântul *femeie*. Chiar și *mus*, „femeia noastră", e posibil gramatical, dar nu *femeie* în sine...

Ea trebuie să aparţină cuiva. La fel se întâmplă cu toate substanţele, produsele, obiectele şi tot ce e necesar unei economii de subzistenţă.

*Navajo, burushaski*: primele limbi capitaliste din istoria omenirii, un model pentru viitorul nostru mental şi afectiv?...

Iată aşadar câteva consideraţii menite să relativizeze ceea ce suntem învăţaţi a constitui clasificările tradiţionale ale limbilor, ca să nu mai vorbim de obsesia cu complexitatea, frumuseţea şi unicitatea limbii române.

## *Câte tipuri de limbi există. Diversitatea lingvistică. „Familiile" de limbi și feluritele tipologii*

Voi trece acum în revistă, în termeni cât mai puţin tehnici, dar mai ales rezumându-le tipologia şi explicând teoria „arealului", principalele familii de limbi de pe planetă, precum şi câteva limbi izolate, fără „rude" directe, precum basca (sau, cum am arătat mai înainte, burushaski). Cele ce voi expune aici nu se doresc o sinteză informaţională sau o listă de limbi de tip *Wikipedia*. Accesul la cvasitotalitatea informaţiei ar face inutilă publicarea unui astfel de simplu rezumat sub formă de carte.

Nu putem însă aborda chestiunea clasificării limbilor pe familii sau tipologii fără a menţiona problema „enigmei indo-europene". Arheologii tind în general să ignore lingvistica. Astfel, în perioada postbelică a existat un consens aproape deplin în a plasa „leagănul" indo-europenilor undeva în nordul Mării Negre sau al Mării Caspice, pornind de la eroarea fundamentală care constă în a pune semnul egal între resturile unei culturi materiale şi un anumit grup etnic, ignorând complet chestiunea arealului lingvistic.

## Teoria Johannei Nichols şi limbile „dificile“

Johanna Nichols, una din cele mai mari lingviste contemporane, care se bazează pe lucrările rusului Ghiorghi Klimov, a scris uluitoarea *Linguistic Diversity in Space and Time*, una dintre cele mai originale *summe* lingvistice de la progresele structuraliştilor şi de la Chomsky încoace. Singurul alt studiu global de o asemenea importanţă în ultimele decenii a fost *Limba indo-europeană şi indo-europenii* a lui Gamkrelidze şi Ivanov, la rândul lor influenţaţi de Klimov, deşi fără să o spună explicit.

Johanna Nichols aduce o teorie lingvistică globală, o interpretare a diversităţii lingvistice la scară planetară bazată pe teoria populaţiilor şi pe studiile areale; pe ideea (dovedită) că diversitatea lingvistică este norma şi că diversitatea se combină istoric cu influenţele areale (ducând sistematic, în anumite regiuni unde condiţiile permit, la fenomenul de *Sprachbund*, de apropieri structurale între limbi diferite genetic şi tipologic).

Gradul de dificultate (*complexity*) al unei limbi date (dificultate absolută pentru un marţian care ar studia fără cunoştinţe prealabile limbile pământului punând pe acelaşi plan franceza colocvială cu graiul ultimilor arawak) este suma valorilor absolute ale unui algoritm foarte complex care implică, printre multe altele, complexitatea morfologică şi morfosintactică. Trăsături tipologice precum ergativitatea nu sunt luate în seamă, pentru că se consideră din start (e logic, este una din premise) că ergativitatea nu e mai „complicată“ decât construcţia de tip acuzativ doar pentru că europenii o găsesc exotică... Pentru amerindieni, basci sau caucazieni e invers, deci valoarea ei clasificatorie ar fi zero.

Cum de asemenea fonetica este exclusă din clasificare, se ajunge la aparenta ciudățenie prin care o limbă tonală precum chineza e clasată jos, pe locul 2 (nu există 1), iar sumeriana pe 15. Cu un asemenea algoritm, înțelegerea totală a gramaticii nici nu este necesară, e vorba mai mult de o metodă statistică.

Limbile izolante (limbi *analitice*, cum vom vedea) au, tocmai, un grad de complexitate gramaticală scăzut, iar după cele mai recente teorii și concluzii, sumeriana (grad de dificultate 15) este considerată o limbă tipologic aglutinantă, nu izolantă, iar limbile aglutinante tind să prezinte un grad ridicat de complexitate.

Și, da, există și ergativitate pură. Limbile caucaziene de nord-est (cecena și cele din Daghestan, precum avara), ca și georgiana literară sunt de tip ergativ pur, iar la fel este și tibetana clasică.

Johanna Nichols mai scrie și că stepa eurasiatică, cea care merge de la munții Carpați până în China, pe la sudul Uralilor, de la Bărăgan până în Turkestanul chinezesc, a fost întotdeauna controlată de o singură populație, sau de populații vorbind limbi apropiate, care s-au înlocuit unele pe altele. Indo-europenii într-o preistorie incontrolabilă, iranienii mai apoi (sciții, sarmații, alanii/iașii), urmați de mongoli, apoi de turcofoni și, mai recent, de ruși (din nou indo-europeni). Johanna Nichols numește asta o „*spread zone*“, spre deosebire de regiuni muntoase și abrupte precum Caucazul sau Balcanii, care sunt „*residual zones*“.

Într-o *spread zone*, cum e Siberia, care merge până în Pannonia și Bărăgan, o limbă o înlocuiește pe alta. Într-o *residual zone*, cum sunt Caucazul sau Balcanii, limbile se adună fără să se înlocuiască una pe alta, populațiile se refugiază prin văi păstrându-și limba, iar uneori religia și obiceiurile.

## Plicticoasa flexiune: conjugări și declinări

1. Majoritatea limbilor de astăzi sunt rămășițele erodate ale unor (unei) limbi mai vechi, în care procesul erodării nu mai este vizibil, iar formele moderne ale conjugărilor și declinărilor au devenit aberante și neregulate. Mai degrabă decât a le învăța pe de rost, fără logică, este mai ușor și mai profitabil să aplicăm o grilă coerentă, prin care, cunoscând modelul inițial, punctul de plecare, înțelegem formele de astăzi, care deodată nu mai sunt aberante și arbitrare, ci își revelează logica istorică și regularitatea.

2. Schimbările fonetice într-o limbă declanșează schimbări morfologice, în structura cuvintelor. Schimbările fonetice sunt însă la origine matematice, algebrice, automate, se produc involuntar și nu cunosc excepție. De pildă, orice *d-* inițial latin înainte de *-i* sau *-e* a dat *z-* în română. Ex.: *deus* > zeu; *decem* > zece; *dicere* > zicere (infinitivul lung, devenit substantiv, al lui *a zice*). De aceea știm automat că *a decima* nu poate fi decât un împrumut recent și savant, pentru că *decem* (10) a dat *zece* în română, iar de acolo avem *a zeciui, zeciuială*. *Decimare* nu putea fi, așadar, moștenit din latină, chiar necunoscându-i originea savantă recentă, căci ar fi trebuit să avem acolo *zecimare* (așa cum avem *zeciuială*).

Iată o altă regulă fonetică precisă, pe care vorbitorul nu o simte. Am menționat anterior: în română (ca și în portugheză sau catalană), orice *a* neaccentuat a devenit, în evoluția limbii, *ă*. De îndată ce se deplasează accentul tonic, *cal* duce la *călare*, *mamă* produce *mămică*, iar *casă* are diminutivul *căsuță*.

*A* neaccentuat devine așadar automat *ă*. De aceea, verbele românești precum a *scanda* sunt întotdeauna împrumuturi moderne din alte limbi, în cazul acesta – din franceză. Dacă era vechi, ar fi fost a *scăndă*. De pildă, *camara* (sau grecescul *kamara*, καμάρα), cu trei silabe terminate în *-a* şi cu accentul pe a doua silabă, nu putea da în româna veche decât *cămară*. *A* accentuat din silaba a doua rămâne *a*, celelalte două se închid natural în *ă*. De aceea, dubletul *cameră* se arată automat ca fiind un împrumut recent (din italiană).

3. Odată ce am înţeles de ce alunecările şi modificările fonetice sunt extrem de regulate, pentru că se produc natural, fără ca vorbitorii să le simtă, avem instrumentele pentru a urmări cum s-a putut eroda o limbă, de pildă reconstruita indo-europeană (IE), pornind de la exemplul a trei limbi: sanscrita, latina şi sârba, reprezentând trei familii de limbi IE diferite, atestate la date foarte diferite. Iată conjugarea lui *a fi* la pers. I–III sg. şi III pl.:

| **sanscrită** | **latină** | **sârbă** |
|---|---|---|
| I. asmi | I. sum | I. sam |
| II. asi | II. es | II. si |
| III. asti | III. est | III. je(ste) |
| III pl. santi | III pl. sunt | III pl. su. |

Acum totul devine limpede şi simetric: pe rădăcina originară **as-* (a fi) s-au adăugat terminaţiile personale: *-mi*, *-si*, *-ti* etc., *-anti*.

Remarcăm de îndată o mai mare regularitate păstrată în sanscrită, unde de la rădăcina **as-* (a fi) avem: as-mi, as-si, as-ti – (a)s-anti.

În sanscrită, *asmi* e cât se poate de previzibil, *assi* s-a simplificat fonetic în *asi*, însă putem avea certitudinea că multă vreme s-a pronunţat un *-ss-* apăsat acolo, iar la pers. a III-a plural *a-* iniţial a căzut în pronunţia obişnuită, dând *santi* (*cf.* latină: *sunt*).

În limbile slave și în latină rădăcina **as-*, a fi, era pronunțată [*es-] (de unde verbul *esse, essere* și derivatul *essentia*), așa că avem în slava veche din care a ieșit sârba:

I. esmi (sanscr. asmi)
II. esi (sanscr. asi)
III. esti (sanscr. asti)
III pl. sonti (sanscr. santi).

*E*-ul inițial a căzut în slava modernă, cu excepția pers. a III-a sg., *estĭ*, așa că avem în sârbă:

I. sam
II. si
III. je(ste)
III pl. su.

*Esmi* a dat *sam* în sârbă, *ja sam* (lat. *ego sum*), pentru că, *e-* inițial căzând, grupul *-sm-* avea nevoie de o vocală scurtă între consoane pentru a putea fi pronunțat: *ja sam*.

Exact la fel se explică și latinescul (*ego*) *sum*. E foarte probabil că în latina arhaică se pronunța scurt, mai degrabă ca un *săm*, iar grafia cu *u* a fost aleasă prin convenție pentru că nu se putea scrie altfel acea vocală scurtă. La fel de bine ar fi putut latinii începuturilor Romei să scrie *sam*, ca în sârbă.

Persoana a doua latină (*tu*) *es* chiar o regăsim în câteva inscripții arhaice sub forma *ess*. Forma aceasta s-a simplificat în toate limbile IE: *asi* în sanscrită, *si* în sârbă. Formele latinești nu au însă acel *-i* scurt final, așa că pers. a III-a *est* corespunde lui *asti*, iar *sunt* – lui *santi*.

Astfel prezentate în paralel cele trei limbi, punându-le pe picior de egalitate, deși ele reprezintă stadii istorice diferite ale limbilor IE, vedem bine apropierile structurale și tipologice, aşa încât înţelegem deodată că formele acelea nu sunt arbitrare, proprii fiecărei limbi, ci provin dintr-un trunchi comun, aşa cum, continuând erodarea, limbile romanice de azi (portugheza, româna, catalana, sarda, pentru a le aminti pe cele mai marginale geografic) urcă de fapt până la latină, care la rându-i era erodată, mult mai mult decât sanscrita, cea atestată în *Veda* prin forme cu multe secole mai vechi decât cele mai vechi inscripţii latine.

Asta nu dă un titlu de glorie sanscritei şi nu diminuează importanţa sârbei, ci se datorează strict accidentului istoric. Dacă am fi avut atestări proto-italice mai vechi cu jumătate de mileniu, sau forme slave mai vechi cu două milenii, am fi regăsit un stadiu al limbii similar cu cel al sanscritei.

Iată câteva elemente pentru a înţelege claritatea metodei de analiză şi de ce lingvistica nu este un sport mental de învăţare pe deasupra a unor forme disparate şi absurde, ci mai degrabă un puzzle a cărui cheie, odată găsită, revelează eleganţa armonioasă a ansamblului. Frumuseţea ştiinţei stă în eleganţa demonstraţiei. Iar pe deasupra, odată găsită cheia structurală, asta îţi oferă o ameţitoare perspectivă istorică asupra evoluţiei limbajului care curge prin noi.

## Câte limbi se vorbesc pe planetă?

Câte limbi se vorbesc pe planetă? Ei bine, nimeni nu poate spune exact (vom aborda de câteva ori chestiunea definirii limbii faţă de un dialect). Estimările merg de la 3.000 la dublu: 6.000-7.000. Acum, cele 10 limbi cele mai vorbite pe planetă sunt: chineza, engleza, hindi/urdu, spaniola, araba, indoneziana/malaeziana, rusa, bengali, portugheza, franceza.

Cu totul, 5 miliarde din cei 8 miliarde de oameni vorbesc aceste 10 limbi.

Dacă lăsăm deoparte chineza, araba şi indoneziana, care aparţin, fiecare, unei familii lingvistice diferite, 7 limbi dintre cele 10 cele mai vorbite de pe planetă sunt indo-europene (IE), înrudite între ele, formând o singură familie de limbi. Dar tot indo-europene sunt şi cele două mari limbi care au dominat cultura Asiei vreme de mai bine de două milenii: sanscrita (dispărută ca limbă vie, ca şi latina) şi persana (numită azi farsi). Ba chiar, dintre cele 7 limbi indo-europene care domină planeta, trei sunt limbi romanice, neolatine (spaniola, portugheza şi franceza), iar două descind în linie mai mult sau mai puţin directă din sanscrită (hindi şi bengali). Lor li se adaugă o limbă germanică cu vocabularul masiv franţuzit şi latinizat (engleza) şi o limbă slavă (rusa).

Este de înţeles, aşadar, că structura, tipologia şi funcţionarea limbilor indo-europene au ajuns să ni se pară fireşti, naturale, ca un fel de prototip universal. Era la fel de previzibil că, atunci când se va fi căutat născocirea unei limbi artificiale (ex.: *esperanto*), tipologia ei avea să fie calchiată pe cea a limbilor IE, inclusiv cu un articol hotărât unic: *la*. De pildă, în *esperanto* spunem: *la libro*, calchiind francezul *le livre*, cartea.

De aceea, pentru a putea face un pas mai departe în lingvistică, trebuie înţeles şi repetat acest fapt: că importanţa nemăsurată a limbilor indo-europene în istoria planetei, din Antichitate încoace, şi felul în care ele s-au răspândit pe toate continentele pornind din mica Europă (care nu e decât o prelungire a Asiei) ascund realitatea lingvistică multimilenară a planetei şi deformează perspectiva. Lingvistica nu se preocupă de numărul vorbitorilor. Pentru lingvist, o limbă este evoluția intercomunicării umane într-un grup anume, supusă accidentelor și evoluțiilor imprevizibile. Pentru el, engleza nu este mai importantă decât limba *xavante* vorbită de un trib din Amazonia, sau decât limba *arči*, vorbită într-un singur sat în Daghestan. Doar accidentul istoric și poziția sa geografică au permis englezei o asemenea răspândire. Celelalte două pomenite, *xavante* în Amazonia și *arči* în vârful Caucazului, nu au putut beneficia de o asemenea expansiune. Ele nu sunt însă mai puțin importante pentru lingvist, pentru că reprezintă un mecanism de comunicare în grup la fel de funcțional (și mult mai complicat, în realitate) decât engleza.

Acum, pentru a încheia, trebuie să mai precizăm și că în mod aparent paradoxal Europa are astăzi limbile cele mai arhaice (limbile baltice sau slovena, de pildă) și cum în realitate toate limbile sunt accidente evoluționare în perpetuă schimbare, până când vine un text sacru care fondează o religie, sau o putere centralizatoare ca să le fixeze definitiv și să le dea aparența solidității eterne, fără dialecte.

## Limba este structură și tipologie, iar nu o acumulare de cuvinte

După ce am spulberat câteva mituri, va trebui, pentru a avansa, să reamintim ceea ce am spus atunci când am respins mitul „superiorității“ unor limbi datorită bogăției lor lexicale.

Am mai spus-o și în *Dacopatia* (ed. a 2-a, p. 461): afirmațiile precum cele ale președintelui Academiei, Ioan Aurel Pop, că „Limba română, ca bogăție de vocabular și semantică, este între primele opt limbi ale lumii“, combinate cu calcule fanteziste ale numărului de cuvinte în zeci sau sute de mii, sunt o enormitate. Întreaga Biblie în ebraică, Vechiul Testament, are doar circa 8.500 de cuvinte individuale (care se repetă şi se combină în fraze de sute sau mii de ori, desigur). Vechiul Testament, aşadar, cu toate cărţile lui, inclusiv legile din Deuteronom şi Levitic, cuprinde 8.500 de cuvinte individuale, ba chiar şi dintre acelea multe sunt rare.

Apoi, vocabularul unei limbi se modifică simţitor în funcţie de circumstanţele culturale. Astfel, o parte importantă a lexicului limbii engleze moderne este de origine romanică (din franceză şi latina Renaşterii), dar engleza rămâne o limbă germanică. La fel, iraniana, *farsi*, rămâne o limbă indo-europeană chiar dacă peste jumătate din vocabular este astăzi împrumutat din arabă.

Ceea ce trebuie să definim, aşadar, în cazul unei limbi, mai ales dacă dorim să o învăţăm, dar şi în scopuri clasificatorii, este tipologia ei, funcţionarea structurală alături de evoluţia istorică.

### Exemplul unei teorii abandonate: limbile „uralo-altaice"

Ba chiar o tipologie identică nu indică în nici un fel o origine comună. Un exemplu simplu va arăta asta (şi vom vorbi iarăşi, pe scurt, ceva mai departe în carte, despre limbile „aglutinante"): să spunem deocamdată că vreme de mai bine de un secol lingviştii au postulat o origine comună, o înrudire între toate limbile aglutinante ale Siberiei şi Asiei de Nord. S-au inventat termeni precum „limbi turanice", sau „turco-mongole", sau „fino-ugrice" (acestea înglobând finlandeza, maghiara şi micile limbi înrudite cu ele), sau „uralo-altaice“ (de la numele munţilor Urali şi Altai), care presupun a reuni toate limbile aglutinante din acea regiune.

Teoria era greşită şi a fost astăzi total abandonată. Două exemple ne vor ajuta să înţelegem de ce. Mai întâi, ce înseamnă tipologie aglutinantă? Asta înseamnă că limbi precum turca sau maghiara (despre aceasta din urmă, vezi un capitol special în Anexa II) funcţionează după un model total diferit de cel al limbilor indo-europene, cum sunt majoritatea celor vorbite pe continentul european (dar şi în Iran, India şi mai pe tot restul planetei, în urma acelei expansiuni istorice recente despre care am vorbit şi vom mai vorbi). Dacă luăm o sintagmă simplă precum „*în mâinile mele*“, ea este redată prin procedee gramaticale identice în toate limbile înrudite de aproape sau de departe cu româna: „*dans mes mains*“ în franceză, limbă romanică, descendentă, ca şi româna, din latină; „*in my hands*“ în engleză, limbă germanică cu un parcurs atipic şi cu lexicul hibrid; sau „*në duart e mia*“ în albaneză, limbă indo-europeană care, ca şi greaca sau armeana, formează o „sub-familie“ aparte, fără alte rude apropiate.

În toate aceste patru limbi indo-europene, ideea de a avea ceva „în mâinile mele“ e exprimată gramatical identic: substantivul *mâini* (plural) e precedat de o „prepoziţie“ (*in*, *dans*, *në*) care indică locul şi e însoţit de un adjectiv posesiv detaşat de substantiv: *mele*, *mes*, *my*, *e mia*, care poate preceda substantivul posedat, „mâinile“ (în franceză şi engleză) sau poate veni după el (română şi albaneză). Din punct de vedere tipologic, ordinea în frază e irelevantă, căci ea este produsul unor accidente istorice ale evoluţiei fiecărei limbi. Latina, sanscrita sau greaca veche, limbi indo-europene cu o flexiune extrem de stufoasă şi cu foarte multe terminaţii cazuale, aveau, cum am spus deja, o structură foarte relaxată şi ordinea cuvintelor în frază era (aproape total) liberă, dependentă doar stilistic de pana fiecărui autor. Cuvintele rămâneau însă detaşate, autonome.

Dar limbile aglutinante, precum maghiara, turca, finlandeza sau cele din Siberia, folosesc un cu totul alt procedeu, prin care particulele gramaticale dătătoare de înţeles nu fac decât să se acumuleze la sfârşitul cuvântului, care devine un „cuvânt-valiză“, uneori o frază completă, cu bucăţele de sens gramatical nedetaşabil lipite în final. Particulele care completează sensul se adaugă *la sfârşitul* cuvântului, deoarece acest procedeu, care este central în „limbile aglutinante“, impune ca rădăcina, termenul principal al unei asemenea construcţii, să fie situat obligatoriu *în poziţie iniţială*. În acest tip de limbi *nu există prefixe*, din cele precum *în-*, care (pentru a da un exemplu) cuplat cu *soţ*, prieten sau tovarăş, din latinescul *socius* – acelaşi care ne-a dat modernele *social* sau *societate* –, a produs românescul *a însoţi* (la fel, limbile germanice şi slave folosesc în continuare astăzi, precum odinioară latina sau greaca, un mare număr de prefixe substantivale sau verbale).

În limbile aglutinante, însă, cuvântul principal este întotdeauna primul. „În mâinile mele“ se va spune, aşadar, în turcă *ellerimde*, iar în maghiară, *kezemben*. Iată deconstruirea expresiei turceşti (cea din maghiară foloseşte „mâna“ la singular): în turcă, *el* = mână; adăugând sufixul de plural *-ler* (sau *-lar* în cuvintele cu vocală mai închisă), rezultă *eller* = mâini. Dacă e vorba de mâinile *mele*, e nevoie apoi de o particulă posesivă, care în acest caz este *-im*. *Ellerim*, aşadar, înseamnă „mâinile mele“, iar nu ale altcuiva. În sfârşit, pentru a spune că este vorba de ceva situat *în* mâini, sau în căuşul palmelor mele, se adaugă automat particula locativă

*-de* (sau *-da*, în funcţie de vocală): *ellerimde* = „în mâinile mele".

Procedeul este total străin mecanismelor gramaticale indo-europene de astăzi, iar pe deasupra limbile aglutinante mai au şi ceea ce se numeşte *armonie vocalică*: vocala tuturor sufixelor şi particulelor care se lipesc la urmă, una după alta, fiecare cu funcţia ei, ca nişte cărămiduţe de Lego gramatical, se modifică în funcţie de vocala cuvântului iniţial. Astfel, dacă „în (sau pe) mâinile mele" este *ellerimde*, atunci „pe caii mei" va fi *atlarımda*, care se descompune în *at-lar-ım-da* (vocala scrisă *-ı-* nu este altceva decât echivalentul românescului *-î-* sau *-â-*).

(Pentru etimológii amatori: *at* e un cuvânt des folosit în rebus, cu definiţia „cal dobrogean"; cât despre *el*, „mână" în turcă, este şi el util pentru lingvistica istorică, deoarece arată formarea numeralului turc 50 = *elli*, de la imaginea evidentă a celor cinci degete.)

Pe acelaşi model aglutinant şi cu armonie vocalică pe care l-am descris în cazul limbii turce (de fapt, al tuturor limbilor turcice, deşi unele, precum uzbeca în Asia Centrală, au pierdut parţial armonia vocalică) funcţionează şi maghiara, dar şi finlandeza, estona sau lapona cu toate dialectele ei. Este vorba de un model „exotic", nord-asiatic, siberian, care nu are, în mod evident, nimic în comun cu limbile indo-europene aşa cum le cunoaştem în dezvoltarea lor istorică. Irupţia în Europa a maghiarilor şi turcilor în jurul anului 1000 nu a schimbat nimic din această stare de lucruri: cele două tipologii nu s-au amestecat.

Am făcut toată această digresiune pentru a spune că asta a dus la teoria eronată, care a domnit multă vreme, a rudeniei tuturor acestor limbi aglutinante „uralo-altaice". Dar ipoteza nu este câtuşi de puţin necesară. Lexicul – numărul cuvintelor – care pot fi identificate a avea o origine turcică în maghiară se arată a fi de dată recentă și e de altfel mai redus decât masa de cuvinte de origine iraniană din maghiară. E vorba mai ales de termeni tehnici și de civilizație luați de maghiari din turcă, dar lexicul fundamental al limbilor respective, cel care ar trebui să arate înrudirea (ceea ce lingviștii anglo-saxoni numesc *cognates*), este de fapt extrem de redus. Turca, finlandeza, lapona și maghiara aparțin unor familii diferite care funcționează doar după aceeași tipologie gramaticală, însă *tipologie nu înseamnă rudenie.*

Teoria „uralo-altaică" sau „turaniană" a dominat totuși multă vreme, deoarece corespundea gustului epocii și obsesiei lingviștilor occidentali (majoritari pe planetă) cu arborele genealogic lingvistic și cu simetria. Într-atât de mare era convingerea că similitudinile în funcționarea limbilor trebuie să indice o înrudire, încât un mare lingvist cum a fost francezul Georges Dumézil, un pionier al lingvisticii caucaziene și al studiilor indo-europene, făcuse o obsesie personală în legătură cu o posibilă înrudire între *turcă* și *quechua*, limba indienilor din Peru, în America de Sud.

Explicația este foarte simplă: *quechua* e o limbă aglutinantă, funcționând după modelul pe care tocmai l-am descris pentru turcă sau maghiară (tipologie comună și multor limbi ale indigenilor din Amazonia, în Brazilia, în același timp). Dumézil avea ulterior să-și recunoască eroarea metodologică, în *Entretiens avec Didier Eribon* (Gallimard, 1987). Tipologia aglutinantă nu are așadar nimic excepțional, ea este întâlnită relativ des pe planetă, în regiuni compacte, cum este și sudul Indiei, unde sute de milioane de oameni vorbesc limbile *dravidiene*, neînrudite – evident – cu cele indo-europene, dar care nu pot fi apropiate nici de quechua, navajo, turcă sau maghiară doar pentru că sunt limbi aglutinante. (Cele mai vorbite limbi dravidiene sunt *tamil*, *kannada*, *telugu*, *tulu* şi *malayalam*... aceasta din urmă fiind iarăşi cunoscută jucătorilor de rebus pentru că e singura limbă de pe planetă al cărei nume este un *palindrom*, adică se citeşte exact la fel şi de la coadă la cap: *malayalam*.)

Am putea da şi alte exemple de coincidenţe structurale, de situaţii care arată că o tipologie lingvistică similară nu implică în nici un fel înrudire. Un exemplu flagrant, poate şi mai uluitor – dar în acelaşi timp şi mai convingător –, îl vom vedea ceva mai departe: este coincidenţa structurală şi tipologică totală, asemănarea gramaticală impecabilă, dar absolut întâmplătoare dintre limbile *bantu* din Africa (*swahili* sau *zulu*, de pildă) şi limbile caucaziene din nord-est (*cecena* şi *limbile din Daghestan*, în special).

Vom vedea la momentul potrivit despre ce este vorba şi de ce asemănările structurale şi gramaticale de acolo sunt frapante, însă nu dovedesc nimic, deoarece cele două familii menţionate (*bantu* din Africa şi limbile „*nakho-daghestaneze*" din Caucaz) nu au absolut nimic în comun la nivelul vocabularului, al lexicului (cu excepţia unor împrumuturi comune recente, superficiale şi independente din limbi de largă circulaţie, cum ar fi *kitab*, „carte", luat în mod independent şi recent din arabă, de pildă).

Ce trebuie reţinut, aşadar, este că identitatea structurală nu indică rudenie, deoarece numărul de tipologii gramaticale posibile este relativ redus. Dacă cifra variantelor sonore ale cuvintelor este literalmente potenţial infinită şi ne este imposibil să prezicem cum va suna cutare cuvânt sau noţiune într-o limbă necunoscută nouă (vezi dialogul *Cratylos* al lui Platon), în schimb este posibil şi verificabil să prevedem anumite trăsături gramaticale odată ce cunoaştem tipologia unei anumite limbi. Vom putea anticipa o anumită funcţionare, vom recunoaşte – chiar necunoscând sensul cuvintelor dintr-o frază – că A face o acţiune contra B, sau că X e posedat de Y. Vom şti că dacă o limbă are o flexiune bogată, cu multe cazuri gramaticale, şi foloseşte multe prefixe, atunci cel mai probabil verbul se află în poziţie finală. Sau nu ne vom mira că limbi de foarte mare cultură şi veche istorie, precum ebraica, araba, rusa sau turca, din familii care n-au nimic în comun (cu excepţia arabei şi ebraicei, limbi semitice foarte apropiate lingvistic) nu folosesc verbul „a fi“ la timpul prezent pentru a exprima o stare, o profesie sau o situaţie punctuală (se spune: „eu – profesor“, de exemplu, sau: „eu – trist“, cum e cazul în limbile menţionate).

Sau o asemenea limbă va folosi doar o formă osificată a persoanei a treia a verbului „a fi“ la singular (есть, *est'* în rusă, care se folosea odinioară numai la persoana a III-a: „el/ea este“) pentru a exprima toate persoanele atunci când trebuie subliniată existenţa (în rusă: я и есть профессор, „eu *chiar sunt* profesor“); sau, în mod previzibil, pentru a exprima posesia a ceva, deoarece asemenea limbi – fie ele şi total neînrudite, precum rusa şi turca sau araba – nu doar că nu mai folosesc verbul „a fi“ la prezent, dar nu posedă nici măcar un verb „a avea“. Se spune „la mine este cutare lucru“. „У меня есть деньги“ (*u men'ia est' den'gi*, „la mine este bani“) în rusă = „am bani“. Sau, procedeu identic în turcă: *param var*.

Procedeul este universal. Latina arhaică, la rândul ei, nu avea nevoie să folosească verbul „a fi“ în expresii precum acelaşi *homo homini lupus* (unde *est* nu e necesar), în schimb îl folosea obligatoriu pentru posesie: *mihi est* = „eu am“.

Identificarea tipologiei unei limbi permite aşadar anticiparea funcţionării ei chiar în absenţa cunoaşterii vocabularului. Asta arată pe de o parte cât de greşite sunt metodele clasice de predare a limbilor, cu accentul pus insistent pe învăţarea mecanică a unor reguli ce par arbitrare şi necorelate şi pe învăţarea unei pronunţii anume considerate singura „corectă". Si aşa ajungem la întrebarea: *câte asemenea tipologii lingvistice sunt posibile*?

Fără a intra în detalii care ar depăşi scopul şi dimensiunile acestei cărţi, care se doreşte o simplă şi scurtă introducere în lingvistică, putem rezuma astfel teoria clasică a feluritelor tipologii lingvistice.

### Teoria clasică a feluritelor tipologii lingvistice

O primă împărţire şi clasificare a tipologiilor practicată de lingvistica tradiţională, „clasică" este cea între limbile „sintetice" şi limbile „analitice". Pentru a indica doar exemplele extreme: în prima categorie (limbi sintetice), reprezentantul perfect ar fi *sanscrita*, limbă indo-europeană considerată încă (eronat) de unii a fi un soi de matriţă sau matrice a limbilor indo-europene. În cea de-a doua categorie (limbi analitice) putem menţiona *chineza*.

Distincţia a fost definită în sec. al XIX-lea, într-un moment în care încă se credea în ideologia progresului infinit (inclusiv lingvistic) şi în superioritatea rasei albe şi a complexităţii limbilor „sintetice", cu flexiune bogată. Tot atunci au fost create primele modele de familii de limbi, imitând modelul limbilor romanice, au fost descifrate principalele limbi clasice (egipteana hieroglifelor, iraniana veche, apoi limbile semitice scrise în cuneiforme, urmate de descifrarea iranienei avestice, a hititei la începutul sec. XX etc.).

De aceea, multă vreme modelul limbii perfecte a fost considerat cel – sintetic prin excelență – al limbii *sanscrite*. *Limbile sintetice*, cum a fost sanscrita, dar și latina sau greaca veche, precum și celelalte limbi indo-europene, cum e gotica în care a fost tradusă Biblia lui Wulfila, sunt limbi cu *flexiune internă*. Este vorba de limbi cu multe cazuri gramaticale, care în general, atunci când sunt predate fără metodă, par arbitrare și fac învățarea lor extrem de dificilă. Generații de copii s-au căznit să rețină terminațiile declinărilor latinei, metodă ironizată de Jacques Brel în acel cântec cu refrenul:

*Rosa, rosa, rosam*
*Rosae, rosae, rosa*
*Rosae, rosae, rosas*
*Rosarum, rosis, rosis...*

Este vorba de *prima declinare* din latină, cea în special a substantivelor feminine în *-a*, *rosa*, cu genitivul *rosae*, iar lipsa de logică aparentă a terminațiilor a scos din minți generații de copii. Lucru complicat și de faptul că latina, limbă cristalizată haotic din elemente diverse în jurul târgului numit Roma, păstrase sumedenie de elemente extrem de arhaice, pe care grămăticii din Urbs Aeterna n-au reușit să le sistematizeze niciodată. Pe lângă genitivul acestei prime declinări feminine în *-ae* (*rosae*), care ajunsese să se confunde cu dativul în *-ae* (situație prelungită și în română: genitiv – „mirosul *rozei*"; dativ – „eu dau apă *rozei*"), mai exista și un „locativ", altminteri mort în latină, terminat tot în *-ae*. Astfel, „la Roma", „în [orașul] Roma" se spunea... *Romae*! Da: „*Romae sum*" = „sunt, mă aflu *în* Roma", însă acel caz nu era nici genitivul și nici dativul, ci restul unui arhaic caz *locativ* indo-european.

Acela impunea o terminaţie în *-e*, încă vie în sanscrita vedică şi în cea clasică. Astfel, de la sanscritul *vana* (pădure), putem spune *vane asmi* = „sunt *în* pădure". Trecerea de la *vana* la *vane* arată locativul, ceea ce înseamnă că sanscrita nu avea nevoie de prepoziţii precum *in*. Procedeu păstrat osificat în latină în *Romae sum* = „mă aflu la/în Roma". Asta arată şi că acel *-e* final chiar se citea iniţial distinct, *Roma-e*, ceea ce şi reiese de altfel din inscripţii funerare ale unor oameni simpli, inscripţii care poartă numele oraşului gravat ca „*Romai*", „la Roma", scris aşa cum se pronunţa.

În sanscrită, avem acest caz locativ încă din primul vers din *Bhagavad Gita*, principalul text din *Mahabharata*, din care aflăm că bătălia va avea loc *dharmakshetr-e Kurukshetr-e* (धर्मक्षेत्रे कुरुक्षेत्रे), altfel zis „pe/în *dharma-kshetra Kuru-kshetra*", „pe câmpul sacru al clanului Kuru", fiecare termen compus al expresiei încheindu-se cu acea terminaţie de locativ *-e* pe care o regăsim în *Roma-e*.

Dar, desigur, romanii nu puteau cunoaşte toate aceste lucruri, aşa încât s-au căznit să-şi sistematizeze limba cum s-au priceput, de multe ori în mod forţat.

Astfel, latina încă mai păstra, pe lângă acea declinare a lui *rosa*, *rosae*, şi resturile unui vechi genitiv indo-european arhaic în *-s*, cum au şi astăzi limbile germanice, de exemplu în engleză în *a rose's smell*. În latină, acel *-s* rămăsese doar în expresii juridice fosilizate, precum *pater familias* sau *mater familias*. Întregul sistem al declinării limbii latine găseşte asta nefiresc şi ne-ar împinge să spunem *pater familiae*, cum de altfel spun şi scriu mulţi, din hipercorectitudine. Forma corectă şi clasică este însă *pater familias*, iar în *familias* avem într-adevăr un genitiv arhaic latinesc fosilizat, în *-s*, identic formal şi structural cu cel din limbile germanice.

Tot un genitiv arhaic în *-s* păstrase însă şi termenul instituţional fundamental pentru istoria Romei (şi a întregii culturi europene şi occidentale): *Senatus*. Este primul termen din deviza Romei: SPQR = *Senatus Populusque Romanus*, unde atât *senatus*, cât şi *populus* sunt masculine în *-us*, însă la genitiv dau *senatūs* (genitiv arhaic, plasat în „declinarea a IV-a") şi, respectiv, aşteptatul *populi* („declinarea a II-a").

(Clasicistul german Emil Hübner a publicat astfel la Berlin în 1859 un impozant volum de texte juridice antice: *De Senatus Populique Romani Actis*.)

Pentru multe din asemenea cuvinte cu flexiunea aberantă precum *senatus* a fost creată artificiala „declinare a IV-a". Cei care au învăţat latina în mod mecanic vor insista pe sistemul rigid al declinărilor, inventat încă din Antichitate pentru a clasifica şi justifica excepţiile şi aberaţiile mai degrabă decât pentru a le explica. Astfel, declinările a III-a şi a IV-a prezintă, fiecare, un genitiv în *-s* (*-is* pentru declinarea a III-a; *-ūs*, cu *ū* lung, pentru a IV-a), însă nimic nu justifică formal ca masculinele *senat-us* şi *popul-us*, ambele cu nominativul în *-us* (cu *-u-* scurt), să aibă la genitiv *senat-ūs* şi *popul-i*. Acestea sunt accidente adunate haotic pe care erudiţii latini clasici, cei ai Renaşterii şi cei moderni, au încercat să le facă să intre în chinga „declinărilor".

Sistemul latin (şi indo-european) este astfel, cum am văzut, total opus regularităţii limbilor aglutinante. Tradiţia este de multe ori înşelătoare şi creatoare de reguli pe care analiza istorică le dovedeşte false sau excesive.

Uneori, dificultatea era atât de mare încât până şi anticii abandonaseră efortul de a da o structură şi o explicaţie unor situaţii aberante. Astfel, se putea întâmpla ca şi genul gramatical al substantivelor să fie ambiguu. Latinii nu s-au hotărât niciodată dacă *dies* (zi) era masculin sau feminin. *Dies* primea un adjectiv masculin sau feminin în funcţie de prozodia şi cheful poetului.

Totuşi, s-a afirmat multă vreme că limbile *sintetice*, indo-europene, precum latina, greaca veche sau sanscrita, sunt limbi superioare, deoarece ar permite o mai mare fineţe a ideilor. Dar procedeul indo-european al flexiunii interne este mult mai dificil şi mai puţin logic decât cel al limbilor aglutinante. Pentru a reveni la exemplul anterior al turcescului *ellerimde* („în mâinile mele“), unde cuvântul este uşor de desfăcut în particule independente şi cu sens unic (*el-ler-im-de*), în latină am spune *in manibus*, dar aici intrăm în nişte dificultăţi pe care lingviştii clasici au preferat să le evite. La urma urmei, este greu de demonstrat de ce a adăuga o terminaţie fără nici un sens în sine, *-ibus*, la rădăcina **man-*, terminaţie *-ibus* care conţine noţiunile combinate ale pluralului (pentru că la singular expresia ar fi *in manu*) şi ale unui caz botezat absurd „ablativ“ (absurd pentru că e un caz artificial şi pentru că nu se efectuează nici un soi de ablaţie acolo, ci dimpotrivă: se introduce ceva în mâini), e greu de demonstrat, aşadar, de ce un asemenea procedeu greoi ar prezenta superioritate faţă de formaţiunea gramaticală turcă *ellerimde*, unde elementele sunt perfect logice, se lipesc la sfârşitul cuvântului (se „aglutinează“) într-o ordine foarte precisă şi neschimbată şi unde, odată pricepută regula, greşelile în exprimare devin imposibile, limba funcţionând cu o simetrie absolută.

Ca să nu mai vorbim de situaţia absurdă în latină unde *manus*, „mână“, este feminin, însă poartă terminaţia masculină *-us*, la fel ca *domus*, „casă“, şi toate numele de copaci în *-us* care sunt de fapt feminine. Turca şi maghiara şi finlandeza – şi limbile aglutinante în general – nici măcar nu au genuri gramaticale.

Cum spunea lingvistul rus Nikolai Trubetzkoy (vezi Anexa I), la urma urmei este ştiut că toţi creatorii de limbi artificiale, de la *esperanto* la *volapük*, îşi iau ca model limbile aglutinante precum turca sau maghiara şi niciodată nu creează o limbă artificială cu flexiune internă şi cu excepţii atât de numeroase cum aveau latina sau sanscrita.

Dar, cum s-a tot insistat, creatorii lingvisticii moderne au fost cu toţii vorbitori de limbi indo-europene, limbi „sintetice", iar eurocentrismul şi complexul de superioritate date de moştenirea greco-romană au fost atât de mari, încât întregul sistem de predare, de învăţământ, a fost înghesuit forţat în chinga greco-romană, chiar şi acolo unde nu se potrivea. Astfel, vreme de secole copiii englezi au învăţat la cursurile de gramatică despre cazurile „dativ" şi „acuzativ", cu toate că, cu excepţia câtorva resturi în flexiunea pronumelor personale, limba lor, engleza modernă şi contemporană, nu mai posedă aceste cazuri. La fel şi copiii francezi.

De altfel, analogia nu se opreşte acolo, iar influenţa gramaticală artificială se poate exercita cu o forţă strivitoare, pe cale instituţională, chiar şi între limbi care nu sunt câtuşi de puţin înrudite, cum este cazul limbilor iraniene care au fost supuse influenţelor semitice vreme de mai multe milenii. Astfel, nu doar că vocabularul limbii persane de astăzi, *farsi* din Iran şi Afganistan (unde limba este numită *dari* sau *tadjică*), a fost supus unei profunde influenţe arabe vreme de 13 secole, de la islamizarea întregii regiuni încoace, dar gramatica limbii *farsi*, precum şi cea a limbii *paştune* din Afganistan (tot o limbă iraniană) e predată în şcolile de acolo urmând structura şi categoriile gramaticale ale limbii arabe, care le sunt acestora total nepotrivite.

Ba chiar într-atât de mari au fost dintotdeauna influenţele semitice asupra Iranului etern, încă de la cuneiformele lui Darius încoace, încât în psihologia colectivă iraniană – şi mai ales după mai bine de un mileniu de scriere în alfabet arab – iranienii sunt convinşi că limba lor nu posedă decât trei vocale, *a*, *i* şi *u*, precum araba.

Paştuna din Afganistan merge chiar şi mai departe în ignorarea fonetismului ei real, deoarece nu doar că nu marchează absolut deloc vocala omniprezentă *-ă-*, identică cu cea din română sau albaneză (*ză* = eu; *tă* = tu), dar nu indică, limba fiind scrisă în alfabet arab, nici măcar distincţiile fundamentale dintre forme morfologice total diferite, cum ar fi cea dintre singularul şi pluralul substantivelor feminine. Acolo unde româna dispune de semne grafice distincte pentru a indica *mamă* la singular şi *mame* la plural, sau *mama* cu articol hotărât (sau, la fel, albaneza *nënë* – *nëna*, cu acelaşi sens de *mamă–mama*, unde alb. *ë* = rom. *ă*), paştuna, limbă indo-europeană, nu marchează în scris nici o diferenţă între singularul *khădza* (femeie) şi pluralul *khădze* (femei), pentru că alfabetul arab nu o permite.

### *Limbile analitice*

Şi aşa ajungem la categoria opusă de limbi propusă de clasificarea consfinţită de către lingvistica clasică: limbile „analitice". Acestea par opusul total al celor dintâi: sunt limbi fără flexiune, fără particule finale, terminaţii, fără cazuri, genuri, conjugări şi declinări. Fiecare cuvânt în aceste limbi este o entitate izolată, deseori o simplă silabă.

Chineza este exemplul cel mai des folosit pentru a ilustra asemenea limbi „analitice", dar la fel de bine am putea lua vietnameza, tibetana sau birmana. În loc să „sintetizeze" informația, precum în limbile indo-europene, limbile analitice cum e chineza o „analizează", împart fraza în entități independente și care nu interferează între ele în nici un fel.

Ajuns la nivelul acesta de simplificare, la capătul unui lung proces de erodare, lexicul acestor limbi este cel mai adesea compus din cuvinte monosilabice (fiecare cuvânt este doar o silabă) și nemodificabile, distinse deseori prin tonuri melodice. Gramatica lor este extrem de simplă (aproape „inexistentă"). Cuvintele nu au plural (noțiunea de pluralitate fie este inutilă, fie e sugerată prin adverbe: „mult", „puțin" etc.). Verbele nu au terminații personale și sunt și ele cel mai adesea monosilabice. În chineză, astfel: eu iau (ceva): *wǒ ná*; tu iei: *nǐ ná*; el ia: *tā ná*.

Ai spune că la nivelul acesta de erodare este un miracol că o limbă mai poate funcționa. Te întrebi cum pot fi evitate confuziile. Aici însă, facem dovada unei alte orbiri culturale. La urma urmei, limbile indo-europene moderne care au devenit cele mai importante cultural, engleza și franceza, sunt în realitate la fel de erodate pe cât e chineza și practic au devenit și ele limbi analitice. Engleza și franceza sunt pe cât de îndepărtate se poate de tipologia sintetică a latinei și sanscritei.

Să luăm același verb „a lua" în franceză: *je prends*, *tu prends*, *il prend*. Situația este similară cu cea din chineză, doar pronumele personale fac distincția între cele trei forme, care fonetic sunt absolut identice: [pʁɑ̃] (-ʁ- este *r* graseiat francez redat în Alfabetul Fonetic Internațional, IPA). Acel [pʁɑ̃] francez pentru a spune „a lua" la toate formele de singular nu e cu nimic mai evoluat, mai creativ sau mai „sintetic" decât formele chineze: eu iau: *wǒ ná*; tu iei: *nǐ ná*; el ia: *tā ná*. Suntem extrem de departe, în franceză, de latinescul *prehendō*, *prehendis*, *prehendit* (care a dat *a prinde* în română). Diferența față de chineză este că la Renaștere, confruntați cu ceea ce suna atunci și sună și astăzi doar [pʁɑ̃] la toate cele trei persoane de singular, erudiții lingviști francezi au decis să le distingă în scris nu doar prin pronumele personale folosite obligatoriu (ca și în chineză, unde fără pronume acel verb monosilabic ar fi doar o comandă imperativă: [pʁɑ̃] = „ia!"), ci prin adăugarea în scris și numai în scris a unor terminații existente doar grafic: un *-s* pentru prima și a doua persoană (*eu* și *tu*), *prends*, pentru a aminti *-s* din latinescul *prehendis*, „iei, prinzi", și punând doar un *-d* final pentru persoana a treia, *il prend*, deoarece ar fi arătat ciudat să se scrie în plus și un *-t* de pers. a III-a latină, ca în *prehendi-t*, ceea ce ar fi dus la o formă monstruoasă grafic precum **prendt*.

În schimb la verbele monosilabice franceze terminate în vocală s-a decis să se pună un *-t* final acolo. Să luăm astfel verbul „a face", extrem de erodat și el în franceză. Acolo unde româna încă are eu *fac*, tu *faci*, el *face* (*facio–facis–facit*), franceza posedă o singură formă, monosilabică: [fɛ]. S-a decis ca acestea să primească în scris terminații latinești: *je fais*, *tu fais*, *il fait* (cu un *-t* final la pers. a III-a), însă aceste artificii grafice nu pot ascunde faptul că realitatea fonetică a invariabilului [fɛ] nu e câtuși de puțin diferită de situația din chineză.

Mai mult, [fɛ] mai înseamnă și „fapt" (*un fait divers*), dar, ca majoritatea cuvintelor din franceză, [fɛ] nu are un plural distinct sonor, așa că grafic se adaugă un *-s* pentru a sugera pluralul (*des faits divers*), însă pronunția, cu adjectiv cu tot, este identică la singular (*fait divers*, [fɛ divɛʁ] și la plural (*faits divers*, [fɛ divɛʁ]).

La fel, la câte artificii grafice au trebuit să recurgă cei care, din Evul Mediu și până după Renaștere, spre Revoluție (1789) au inventat ortografia modernă a limbii franceze se poate vedea din dilema la care au fost supuși în fața unor cuvinte monosilabice precum [ʃã] sau [sã].

Au trebuit să inventeze grafia *champ* dacă, precum [ʃã], cuvântul venea de la *campus* („câmp, câmpie") și *chant* dacă e de la *cantus* („cânt, cântare"), adică adăugând câte un *-mp* și un *-nt* (ba chiar *-mps* și *-nts* dacă sensul e plural), când în realitate pronunția tuturor acestor forme imaginate este o simplă monosilabă nazală redusă la [ʃã].

La fel a fost și cu *sang* („sânge") și *sans* („fără"), în realitatea sonoră ambele fiind [sã], iar lista poate merge la infinit. Ba chiar în unele cazuri oboseala și complicațiile au părut atât de mari, încât s-a permis și se permite și azi o oarecare libertate în ortografie. Astfel, cuvântului pronunțat [klɛ] i s-a adăugat grijuliu un *-f*, pentru a aminti că vine de la latinescul *clavis* („cheie"), așa încât a fost scris *clef*, dar se permite și astăzi să fie scris simplu *clé*, [klɛ]. Asta face că pentru a scrie „cheile" în franceză este indiferent dacă scriem *les clefs* sau *les clés*, căci pronunția va fi oricum [lɛ klɛ].

La fel de erodată este și engleza, dacă luăm ca exemplu și acolo formele personale ale verbului „a lua": *I take, you take, we take, they take*, cu nimic diferite de chinezeștile *wǒ ná, nǐ ná, tā ná*. Singura diferență în cazul englezei este persoana a III-a a singularului, care primește un *-s*, nu însă și la formele trecutului: *I took, he took*.

Ba chiar, precum în chineză, de multe ori, în cazuri precum *sheep* („oaie–oi") sau *fish* („pește–pești"), engleza, ca și chineza, nici măcar nu marchează pluralul (*fishes* în sensul de plural e altceva decât *fish* – *fish are jumping* –, pentru că *fishes* desemnează simultan mai multe *specii* de pești).

Sigur, putem obiecta, pe bună dreptate, că în cazul francezei și englezei avem posibilitatea de a urmări și reconstitui evoluția (sau involuția și degradarea) limbii de-a lungul mileniilor, douăzeci și șapte de secole pentru franceză, dacă este să urcăm până la primele inscripții gravate ale Romei antice. Asta nu schimbă însă nimic din faptul că aceste limbi – franceza și engleza – au alunecat de la un stadiu sintetic la unul analitic, de la o complexitate flexionară comparabilă cu cea din latină sau sanscrită la o simplicitate analitică cu mai nimic diferită de cea a chinezei. Faptul că avem la îndemână textele care ne permit să urmărim evoluția lor (degradarea, de fapt) e un simplu accident rezultat din aceea că de-a lungul secolelor franceza și engleza și celelalte limbi europene s-au scris într-un alfabet relativ fonetic (combinat cu artificii istorice și etimologice). În schimb, natura ideografică, dintotdeauna, a scrierii chineze ne ascunde realitatea evoluțiilor fonetice și gramaticale de acolo. La fel cum avem dovada că franceza și engleza au ajuns într-un asemenea stadiu de eroziune coborând dintr-un stadiu foarte complex, tot așa nimic nu ne spune că limba devenită dominantă în Imperiul de Mijloc, chineza *han*, nu descinde dintr-o limbă cu un stadiu flexionar de o foarte mare complexitate, dar care se erodase deja considerabil acum mai multe milenii, în momentul inventării primelor ideograme.

De altfel, ignoranța în care ne aflăm față de evoluția *fonetică* a limbii chineze clasice face că mare parte din poezia veche, dar și din estetica alegerii anumitor ideograme în scrierile vechi ne rămâne de nepătruns, deoarece nu putem ști astăzi ce rime și ce mecanisme fonetice au putut juca acolo. Dar exemplul erodării francezei și englezei arată că teoria clasică potrivit căreia limbile sintetice ar fi superioare celor analitice era total eronată.

Dacă comparăm acum mecanismele gramaticale ale celor trei limbi „analitice“: franceza, engleza şi chineza, vedem de asemenea că ele sunt similare, identice chiar, funcţionând în realitate printr-o poziţionare rigidă a cuvintelor în frază.

Sigur, şi în română o frază precum „tatăl îşi iubeşte fiul“ are o ordine fixă. La fel, în engleză vom avea *the father loves his son* şi în franceză *le père aime son fils*, iar ordinea cuvintelor este de neschimbat, pentru că sensul va fi cu totul inversat dacă schimbăm locul tatălui în frază cu cel al fiului. În latină însă, era absolut indiferent dacă ordinea cuvintelor ar fi fost *pater filium amat* sau *amat filium pater* sau *filium amat pater*, sensul era identic, diferenţiat doar prin mărunte nuanţe stilistice.

În schimb, în chineză, franceză sau engleză, în absenţa oricăror terminaţii cazuale, tatăl trebuie să vină mai întâi în frază pentru a obţine sensul dorit, iar sintaxa frazei este rigidă şi definitivă. Terminaţiile au fost înlocuite prin poziţia cuvintelor în frază, spre deosebire de ceea ce se întâmplă încă în majoritatea limbilor slave de astăzi, unde, date fiind bogăţia cazurilor şi flexiunea bogată şi complicată, ordinea cuvintelor în frază rămâne relativ liberă.

### *Familia indo-europeană*

Vom începe trecerea în revistă a clasificării limbilor prezentând limbile indo-europene, deoarece, luate ca grup (combinând numărul de vorbitori de engleză, hindi-urdu, spaniolă, franceză, portugheză, farsi etc.), acestea sunt cele mai vorbite limbi de pe planetă, cu mult peste chineza oficială *han*.

Începem aşadar cu familia indo-europeană, însă nu pentru că aceste limbi ar fi „superioare“ (am demontat mai sus principalele mituri de acest tip), ci pentru că – în urma unui proces istoric de expansiune început încă din neolitic şi accelerat în ultimele secole – ele sunt, cum am spus, luate împreună, familia de limbi cea mai vorbită de pe planetă, atât ca număr de locutori, de vorbitori, cât şi ca extindere geografică. Aproximativ jumătate din populaţia planetei vorbeşte o limbă indo-europeană (engleză, hindi-urdu, spaniolă, portugheză, franceză, farsi etc.).

Configuraţia lingvistică planetară de astăzi este de aceea remarcabilă şi ne-naturală, deoarece limbile indo-europene s-au extins la nivel global după ce s-au răspândit dintr-un teritoriu relativ restrâns, care poate fi situat în apropierea Caucazului. Anexa I va conţine, cum anunţam, un scurt text al lui Nikolai Trubetzkoy pe care îl traduc în premieră în româneşte (deşi este unul din cei mai mari lingvişti ai secolului XX şi chiar din istorie, Trubetzkoy nu a fost, în mod straniu, niciodată tradus până acum în română), text pe care îl completez cu argumente suplimentare care lămuresc pentru ce este greşită teoria clasică, cea a „kurganelor", care situează „leagănul" indo-europenilor în nordul Mării Negre, undeva în stepele Ucrainei de astăzi. În realitate, limbile indo-europene nu s-au putut forma decât într-o regiune din estul Anatoliei şi sudul Caucazului, unde au trebuit să fie în contact prelungit cu proto-semiţii, kartvelienii (georgienii) şi caucazienii estici (Daghestan).

Am explicat deja mai sus tipologia bogată şi complicată, de tip sintetic, şi gramatica complexă a limbilor indo-europene. Scopul acestei cărţi nefiind acela de a oferi încă un *vademecum*, un concentrat de informaţii accesibile astăzi oricui, ci de a propune idei noi în abordarea lingvisticii, voi aduce doar câteva completări clasificării tradiţionale. Limbile IE sunt:

– limbile romanice: franceza, spaniola, portugheza, catalana, provensala, italiana, sarda şi româna/aromâna (sarda, din Sardinia, este o limbă romanică aparte, iar nu un dialect italian);

– limbile germanice: engleza, germana, luxemburgheza, olandeza (cu toate dialectele flamande și cel numit afrikaans din Africa de Sud); limbile scandinave (suedeza, daneza, norvegiana, islandeza și feroeza) și frizona (vorbită în Olanda și Germania); idiș, limba evreilor așkenazi tradiționaliști, este de asemenea o limbă germanică, provenită cel mai probabil din valea Rinului, și, deși se scrie în alfabet ebraic, nu are din ebraică (ivrit) decât cuvinte și expresii împrumutate, cu o fonetică aparte;

– limbile slave, al căror continuum prin concatenare (*Sprachkette*) a fost explicat mai sus și va mai fi explicat și în textul lui Trubetzkoy din Anexa I;

– limbile celtice: irlandeza și scoțiana (cele două dialecte gaelice); bretona din Bretagne (Franța) și limba din Țara Galilor (Wales, Marea Britanie);

– limbile baltice, cele mai arhaice dintre toate limbile indo-europene, reprezentate astăzi doar de letonă și lituaniană, dar odinioară și de prusiană, limbă dispărută în care ne-au rămas câteva texte religioase foarte importante lingvistic;

– limbile iraniene: farsi (persana, cu dialectele ei dintre care principalele sunt „limba" tadjică și dari din Afganistan), paşto (Afganistan și Pakistan), kurda, limba baluci (Iran și Pakistan) și limba osetă din Caucazul de Nord (și parțial în Georgia);

– limbile indiene, din nordul și centrul subcontinentului indian: hindi-urdu, sindhi, pundjabi, nepali, bengali, marathi, gujarati, dar și singhaleza din Sri Lanka și toate dialectele țigănești, limba *romanès* (despre care am un capitol special în *Dacopatia*).

Tuturor acestora de mai sus li se adaugă trei limbi izolate, încă vorbite astăzi de milioane de oameni, dar care nu au o „familie". Sunt limbi indo-europene lipsite de surori, vorbite izolat, dar care prezintă aceeaşi tipologie şi acelaşi fond lexical IE, precum şi câteva foarte importante şi bine atestate în scris limbi IE dispărute. Anume:

– limbile IE izolate încă vorbite: greaca, armeana şi albaneza;

– limbile IE bine atestate, dar dispărute: hitita (şi alte câteva extrem de sărac atestate limbi din ramura „anatoliană") şi toharica sau tohariana.

*Limbile semitice*

Limbile semitice, de asemenea limbi *sintetice*, cu flexiune internă, cele mai vorbite astăzi sunt cele cunoscute: araba, amharica (principala limbă din Etiopia), ebraica (ivrit), aramaica şi, în Europa, malteza (scrisă în alfabet latin, populaţia fiind catolică şi profund influenţată în lexic de italiană şi engleză).

Cu asiriana şi babiloniana, scrise în cuneiformele preluate în Mesopotamia şi Babilon de la sumerieni, limbile semitice se numără printre cele mai vechi atestate. Prin ebraică şi arabă, ele sunt limbile principalelor cărţi sfinte ale omenirii (Torah/Vechiul Testament şi Coranul). Prin fenicieni, semiţii au inventat scrierea alfabetică adoptată şi adaptată ulterior de greci şi etrusci (şi prin ei de romani). Scriem astăzi cu semne care urcă în linie dreaptă până la fenicieni. Prin cartaginezi (punicii, în Tunisia de astăzi), ei au stimulat rivalitatea Romei, pe care cartaginezul Hannibal aproape că a distrus-o, contribuind astfel neintenţionat la ascensiunea universală a acelui târg de pe malurile mâloase ale Tibrului.

În trecut, limbilor *semitice* le erau uneori apropiate de către lingviști: *egipteana veche* (limbă izolată, rămasă sub numele de *coptă* ca limba de cult a creștinilor din Egipt), limbile *hamitice* (reprezentate azi de feluritele dialecte *berbere* din Maroc până în Libia) și limbile *cușitice* (în special în „Cornul Africii", în Somalia de azi), precum și limbile *ciadice*, mai ales cele din Ciad, cum este foarte importanta limbă *hausa*, vorbită de mai bine de 50 de milioane de oameni în Africa sahariană și subsahariană (limba sectei islamice Boko Haram).

Toată această familie artificială a fost numită odinioară familia „semito-hamitică", iar mai recent – „afro-asiatică".

Precum și în cazul super-familiei „uralo-altaice", și cea „hamito-semitică" sau „afro-asiatică" e pe cale de a fi abandonată din aceleași motive: asemănările tipologice nu implică neapărat înrudire și pot fi cel mult trăsături areale, preluate prin contact prelungit... dacă nu sunt o simplă coincidență, precum cea dintre limbile *bantu* din Africa și cele din Daghestan în Caucaz.

### *Familia limbilor turcice*

Limbile turcice sunt limbi aglutinante și le-am prezentat deja structura și funcționarea gramaticală. În afară de turca osmanlîie din Turcia (vreme de secole: turca „otomană", ceea ce e același lucru, căci „otoman" vine de la numele pronunțat de turci Osman), patru din cele cinci republici central-asiatice ex-sovietice vorbesc limbi turcice: Turkmenistan, Uzbekistan, Kazahstan și Kirghizia (limbile kazahă și kirghiză fiind foarte apropiate); dar tot limbi turcice oficiale au mai fost în URSS dialectele tătare din Tatarstan (capitala: Kazan, pe Volga) și Crimeea; apoi limbile nogai și kumîk în Daghestan; și tot în Caucaz limbile divizate artificial: balkar în republica autonomă Kabardino-Balkaria şi karaceai în republica Cercheză-Karaceai. Tot o limbă turcică interesantă şi veche este şi limba uigur, din China, limba vorbită de populaţia musulmană reprimată din Xinjiang (Turkestanul chinez) şi care este de altfel singura limbă turcică încă scrisă în alfabet arab, situaţie încurajată – dacă nu chiar impusă – de autorităţile chineze, care au astfel grijă să-i ţină pe uiguri separaţi de vecinii lor kazahi şi kirghizi, care au scris până recent în alfabet chirilic.

Despre creştinii turcofoni cumani şi găgăuzi am scris pe larg în *Dacopatia* (ed. a 2-a, pp. 382–391).

### *Limbile „fino-ugrice"*

Tot o asemenea super-familie a limbilor aglutinante a cărei realitate este încă acceptată cu prudenţă este şi cea care apropie finlandeza (şi sora ei mai mică – estona) de maghiară şi micile limbi siberiene înrudite cu aceasta: vogul şi ostiak, dar şi de limbi precum lapona şi mordvina.

Am preferat să fac o serie de consideraţii şi remarci despre limba maghiară, cea care îi interesează cel mai mult pe români, în Anexa II.

### *Familia limbilor dravidiene*

Limbile dravidiene din sudul Indiei, foarte apropiate una de alta, sunt (pentru a pomeni doar principalele): tamil, telugu, kannada şi malayalam.

Este vorba de limbi aglutinante, cu o foarte veche literatură (şi care au fost profund influenţate şi impregnate de sanscrită).

O populaţie dravidiană, de câteva sute de mii de oameni, vorbind o limbă numită *brahui*, trăieşte şi în Pakistan, ceea ce ar tinde să indice că extinderea geografică a limbilor dravidiene era odinioară mult mai mare, acoperind poate întregul subcontinent indian, şi că ei au fost împinşi spre sud de indo-europeni în timpuri preistorice.

Asta ar da oarecare greutate unei teorii care plasează limba încă greu înţeleasă a civilizaţiei Elam, din sudul Iranului actual, limbă dispărută încă din Antichitate, în familia limbilor dravidiene. (*Eelam/Ilam* este de altfel termenul vechi pentru „ţară“ în limba tamil.)

*Limbile caucaziene*

Acestea nu sunt absolut deloc înrudite toate între ele. În realitate, este vorba de trei familii de limbi total distincte. Asta fără a-i socoti, desigur, pe cei trăitori acolo care nu sunt indigeni caucazieni propriu-zişi: oseţi, armeni, azeri, ruşi etc.

În Caucaz se vorbesc aşadar nu mai puţin de trei familii de limbi locale, indigene, situaţie similară cu a limbii basce din Pirinei, aceea fiind însă o limbă izolată.

– Mai întâi, pe malurile Mării Negre au trăit, din cele mai vechi timpuri, populaţiile cercheze. Cerchezii, abhazii, kabarzii sunt unul din grupurile etnice şi lingvistice autohtone din Caucaz şi de pe litoralul Mării Negre care vorbesc un grup de limbi indigene (caucaziene de nord-vest, CNV).

– Georgienii, mingrelienii şi micile naţii *kartveliene* (precum svanii, în văile versantului sudic al Caucazului) formează un al doilea grup. Fostul preşedinte georgian Zviad Gamsahurdia era mingrel, de pildă.

– Cecenii, inguşii şi daghestanezii formează un al treilea grup de limbi. Celebrul şef al revoltei din Caucaz, imamul Şamil, aparţinea grupului etnic al avarilor din Daghestan (caucazian de nord-est, CNE; *avar* este un nume convenţional dat de ruşi, avarii din Daghestan neavând nimic de-a face cu poporul migrator – probabil turcic – al *avarilor* din Antichitatea târzie).

Diversitatea etnică şi lingvistică a Caucazului este astfel mai mare decât a întregii Europe şi a Asiei de nord (Siberia) reunite. Numai în Daghestan se vorbesc 26 de limbi, fiecare cu dialectele ei, care nu sunt reciproc comprehensibile.

În ciuda unei persistente legende romantice, nu există nici o apropiere şi nici o înrudire directă între georgiană şi basca din Pirinei, în Spania şi Franţa. Ambele grupuri etnice, bascii şi georgienii, întreţin însă această mitologie. Este drept, georgiana şi basca (*euskara*) au tipologii similare, fiind limbi de tip ergativ (în vreme ce limbile IE, semitice, turcice etc. sunt de tip acuzativ), dar acesta este doar un alt exemplu că similitudinile tipologice nu implică rudenie, ci doar indică un mod de funcţionare.

### *Limbile „negro-africane"*

Voi rezuma aici câteva informaţii esenţiale despre limbile africane, sperând că toată lumea ştie deja că în Africa se vorbesc sute de limbi complet neînrudite între ele. De fapt, nici o persoană cu un minimum de cultură n-ar întreba: Vorbiţi africană?

Acele sute de limbi de pe continentul african sunt împărţite în familii lingvistice la fel de diferite una de alta pe cât sunt între ele cele indo-europene şi cele semitice, să zicem.

Altfel spus, între două limbi africane din familii neînrudite diferenţa poate fi totală, la fel de mare ca între română şi arabă. Sau între română şi chineză, pentru că limbile din Golful Guineii, pe coasta de vest a Africii, sunt limbi tonale, monosilabice, la fel de „analitice" pe cât sunt chineza sau tibetana. Tipologia lor este similară într-adevăr cu a chinezei, deşi ele nu sunt, evident, înrudite cu aceasta.

La fel, limbile bantu, familia cea mai numeroasă, care merge de la fluviul Congo până în Africa de Sud, sunt limbi cu „clase nominale", tipologic similare ca structură şi funcţionare cu cele din Caucazul de nord şi est (Cecenia şi Daghestan). Asta nu înseamnă rudenie, ci doar similaritate tipologică. Acestea sunt limbi care împart lexicul şi morfo-sintaxa într-o întreagă gamă a ceea ce noi numim genuri gramaticale... doar că numărul „genurilor" în aceste limbi este teoretic nelimitat. Noi avem trei (masculin, feminin, neutru). Cecena, în Caucaz, are 6 (şase). În Africa, swahili, limbă bantu, are 19.

Când spunem limbi africane, excludem, desigur, araba şi dialectele berbere din tot nordul Africii deasupra Saharei, dar şi etiopiana (amharica) şi limbile înrudite cu ea. Zecile de milioane de oameni de culoare din Etiopia (fost regat creştin niciodată colonizat) vorbesc limbi semitice, altfel zis: înrudite îndeaproape cu araba şi ebraica. Etiopienii, semiţi, au, cum se ştie, şi scrierea lor proprie, extrem de complexă.

La fel, malgaşa, în uriaşa insulă Madagascar, este o limbă malaio-polineziană, iar nu „africană". Malgaşii, cei care l-au găzduit pe fugarul român Radu Mazăre, nu sunt africani propriu-zis, ci înrudiţi cu indonezienii, iar lingvistica arată că strămoşii lor au venit cu bărcile acum un mileniu din... Taiwan, pe vremea când insula Taiwan nu era colonizată de chinezi.

În sfârşit, să mai spunem că toată lumea cunoaşte cel puţin un cuvânt „african": *bantu*. Bantu înseamnă „oameni" în limbile... „bantu". În aceste limbi cu „clase nominale", cuvintele îşi schimbă nu sfârşitul, cum ştim din alte limbi ale planetei, ci începutul. Astfel, dacă „om“ se spune *muntu*, pluralul va fi *bantu*, pentru că în clasa de cuvinte care încep cu *m-* pluralul începe cu *b-*.

Întrebaţi de exploratori cum se numesc pe sine între ei, acei oameni au răspuns simplu: oameni (= *bantu*). Dar fenomenul e universal. La urma urmei, unele triburi germanice întrebate de latini cum se numesc au spus tot: oameni (*alle Mann*, „toţi oamenii“). Şi de aici li s-a zis *alemani*, *Allemands*, dar ei nu aveau un cuvânt pentru a se desemna pe sine.

În sfârşit, toate acestea pentru a spune că, deşi au culoarea pielii închisă, africanii se deosebesc tot atât de mult între ei pe cât noi de ceceni... sau de chinezi.

*So, do you speak African?*

### *Limbile tonale ale Asiei de est*

O analiză în profunzime depăşind limitele acestei cărţi, aici ar trebui insistat mai ales pe distrugerea rapidă a câtorva idei preconcepute. Da, au fost propuse şi parţial acceptate anumite regrupări ale acestor limbi izolante şi tonale în câteva „familii“, precum limbile „sino-tibetane“ sau „tibeto-birmane“ (aceasta din urmă apropie tibetana de birmană, limba din ţara pe care o numim absurd acum Myanmar, dar, de mai departe, şi de cantoneză, limba din Shanghai, care e, desigur, din grupul sinic, alături de chineza din Pekin, limba oficială a Chinei, chineza *han*, *mandarina*).

O poziţie aparte o ocupă limbile *thai* (Thailanda şi Laos), de asemenea limbi tonale, monosilabice. Lingvistul nu va insista însă niciodată îndeajuns asupra faptului că nu există nici cea mai mică legătură şi nici o apropiere posibilă, altfel decât tipologică, între toate aceste limbi şi vietnameză, care la rândul ei este tonală și monosilabică (și e singura care se scrie în alfabet latin).

Din nou: tipologia reală însușită și adaptată prin proximitate și contact nu implică rudenie genetică. Există limbi în Africa, în golful Guineii, care sunt de asemenea tonale și monosilabice.

În același timp, asta ne arată că, deoarece anumite limbi din Extremul Orient care nu prezintă nici una din aceste trăsături: nu sunt limbi analitice, monosilabice și tonale, putem să tragem concluzia că ele sunt limbile unor populații ajunse acolo relativ recent, în ultimele două milenii, să spunem: este vorba de limba khmer, principala limbă a Cambodgiei, și de limbi precum japoneza și coreeana. Nu doar că acestea două din urmă nu sunt absolut deloc înrudite cu chineza, dar nu sunt nici măcar înrudite între ele, în ciuda eforturilor trecute ale unor lingviști de a le apropia.

Coreeana, de pildă, ar prezenta în realitate mai multe afinități cu unele limbi siberiene, pe cale de dispariție sau abia atestate (s-a făcut și o apropiere forțată de mongolă sau de limba, astăzi dispărută, *manciu*, *manchu*, limba ultimei dinastii a Chinei); în vreme ce japoneza se apropie mai degrabă tipologic de limbile indoneziene, malaio-polineziene. Tipologic, așadar, japoneza e mai apropiată de malgașa din Madagascar, lângă Africa, decât de chineză.

Ce trebuie reținut, așadar, este că toate aceste limbi sunt atât de diferite între ele pe cât sunt româna și araba, să spunem. Nimic nu apropie între ele, tipologic și lingvistic, chineza, japoneza și coreeana. Sigur, japoneza a împrumutat din China scrierea, parte din cultură și o serie de cuvinte, dar situația abia dacă diferă de influența turcă în Balcani, sau cea arabă în Iran.

*Limbile amerindiene*

*America de Nord* Clasificarea limbilor amerindiene rămâne un subiect extrem de controversat. Marele lingvist Joseph Greenberg, cel care a clasificat, convingător şi cu succes, limbile africane, a avut mai puţin succes, pe urmele lui Franz Boas, în încercarea de a clasifica limbile indigene amerindiene.

Dacă pornim de la principiul deja stabilit al diversităţii lingvistice ca stadiu natural în istoria umanităţii şi comparăm cu situaţia statistică de pe continente pe care realitatea lingvistică a fost relativ bine păstrată, precum Africa sau Noua Guinee (pentru lingvist, Noua Guinee este un continent în sine, fiindcă reuneşte toate condiţiile principale ale menţinerii diversităţii: munte, jungle şi litoral), atunci putem presupune, bazându-ne şi pe resturile scrise care atestă diversitatea, că atât în America de Nord, cât şi în cea de Sud se vorbeau circa o mie de limbi.

Unele familii de limbi au înregistrat o răspândire comparabilă cu cea a limbilor indo-europene, turcice sau bantu. Cel mai cunoscut este grupul Na-Dene, din care fac parte limbile apaşilor, sau una dintre puţinele care nu sunt în pericol de dispariţie, anume limba *navajo*.

*Limbile amazoniene* Problema clasificării limbilor Americii de Sud este şi mai complicată decât pentru cele ale Americii de Nord. Ele sunt mult mai puţin studiate decât limbile indigenilor nord- şi central-americani (a căror clasificare fusese începută deja de Franz Boas în *Handbook of American Indian Languages*, 1911).

Despre limbile din Amazonia vorbesc mai departe, acolo unde discut teoria controversată a lui Everett şi a originii limbajului, dar am mai vorbit și în *Dacopatia* (ed. a 2-a, pp. 25–26).

*Limbile malaio-polineziene (Indonezia–Malaezia–Filipine) și malgașa (Madagascar)* Limbile acestui grup se extind din Madagascar până pe insulele din mijlocul Oceanului Pacific. Indoneziana (*Bahasa Indonesia*) și *tagalog* (Filipine) sunt cele mai cunoscute și mai vorbite. Bahasa Indonesia este de altfel limba oficială a celei mai importante numeric țări musulmane de pe planetă (Indonezia are 275 de milioane de locuitori).

Este vorba de limbi *isotone* (lipsite de accent tonal sau melodic), cu cuvinte polisilabice, verbe lipsite de terminații personale, ba chiar prezentând absența pluralului la substantive (motive pentru care și japoneza este deseori comparată cu această familie). Astfel, în indoneziană, unde pluralul se formează prin simpla repetare a cuvântului (adică de la *orang*, om – ca în *orang utan*, „omul din pădure“, urangutan, pluralul este *orang-orang*), dar pentru a cruța spațiu și cerneală pe pagină, în loc să se repete cuvântul, cel mai adesea se scrie cifra 2. Așa că „oameni“, *orang-orang*, se scrie în cărți... „*orang2*“.

*Limbile australiene și din Noua Guinee*

*Australia* Australia fiind practic în totalitate ceea ce se numește o *spread zone* (vezi mai sus teoria Johannei Nichols), s-a petrecut acolo o extindere uriașă a unui singur grup de limbi, numite Pama-Nyungan, fenomen istoric comparabil cu expansiunea limbilor indo-europene, a celor turcice sau bantu.

Încă un exemplu revelator al faptului că identitatea tipologică nu implică rudenie: limbile Pama-Nyungan ale aborigenilor australieni funcţionează precum cele indo-europene, ba chiar şi-au creat un articol hotărât (vezi însă şi cazul particular al articolului hotărât din maghiară, prezentat în Anexa II).

*Noua Guinee* Pentru lingvist, deşi este aparent o simplă insulă, Noua Guinee are dimensiunile unui continent. Cele aproape o mie de limbi vorbite acolo pot fi comparate statistic cu scara diversităţii Africii, unde de asemenea se vorbesc circa o mie de limbi. Asta deoarece, cum am menţionat, Noua Guinee reuneşte cele trei condiţii principale ale diversităţii lingvistice: munţi, jungle şi litoral.

Pentru a conchide, studiul limbilor izolate, fără „rude" precise, precum japoneza, coreeana, burushaski sau defunctele etruscă şi sumeriană, s-ar situa dincolo de dimensiunile acestei cărţi.

## *Dacă Americile ar fi vorbit limba bască*

Câteva cuvinte merită însă spuse despre limba bască (*euskara*). De pildă: cum ar fi fost dacă bascii trăiau mai spre Oceanul Atlantic, iar nu în munţii lor, şi dacă în cele două Americi – şi mai peste tot pe planetă – s-ar fi vorbit azi limba bască, în loc de spaniolă?

În Pirinei, în munţii dintre Spania şi Franţa, a supravieţuit din preistorie una din cele mai exotice şi mai dificile limbi de pe planetă: limba bască. Pe scara dificultăţii limbilor a Johannei Nichols, o scară ce urcă de la 1 la 15, basca e pe locul 14... Toate limbile indo-europene sunt sub 10... Engleza e pe locul 4... Franceza, rusa şi germana pe 8 şi 9... Chineza, care pare atât de complexă, e pe locul 2 – gramatica ei e una din cele mai simple de pe planetă, dificultatea venind doar de la pronunţie şi scriere... Basca însă – 14!

Cu basca intrăm într-o altă planeta mintală, cea a limbilor ergative, precum cele ale amerindienilor sau caucazienilor (nici o legătură între ele; încă o dată, este vorba doar de tipologie, nu de o imposibilă rudenie), unde subiectul frazei primeşte terminaţii speciale în funcţie de tipul verbului (tranzitiv sau intranzitiv), unde verbul este esenţa frazei, flexiunea fiind iniţială sau infixată (în interiorul rădăcinii), şi unde întreaga sintaxă ne duce pe un teren în care reperele logice sunt altele decât ale noastre. Basca e singura limbă care a supravieţuit din preistoria Europei, vorbitorii ei rămânând în munţii Pirinei după invazia lentă, în neolitic, a indo-europenilor veniţi din Orientul Apropiat.

Basca pare o limbă minoră, exotică, străină nouă şi pe care o putem ignora cu desăvârşire, dacă o comparăm, de pildă, cu spaniola care o înconjoară. Spaniola e pe cale de a deveni a doua cea mai vorbită limbă din lume, după chineză şi înaintea englezei. Realitatea lingvistică e însă pe dos de cum ne-o imaginăm: situaţia spaniolei şi portughezei în cele două Americi e de fapt surprinzătoare istoric, dată fiind relativa lipsă de importanţă a celor două ţări astăzi, pierdute într-o peninsulă de la Oceanul Atlantic a Europei... În realitate, doar un accident geografic le-a fost profitabil celor două limbi neolatine minore.

Nimic nu predispunea Spania şi Portugalia, abia ieşite de sub dominaţia maurilor, la gloria planetară de azi, altfel decât poziţia lor geografică.

Faptul că limba castiliană, dialectul Spaniei centrale, a devenit treptat limba oficială în peninsulă e de asemenea doar un accident istoric... Putea la fel de bine fi catalana... sau chiar limba bască, dacă întâmplător Ţara Bascilor ar fi fost situată mai central...

...Or tocmai aici vine exercițiul de imaginație: dat fiind că după descoperirea Americii aproape toți primii marinari și coloni europeni au provenit din regiunile Peninsulei Iberice cu ieșire la ocean, prin forța lucrurilor s-a ajuns la popularea masivă a Americii de sud și centrale cu vorbitori de spaniolă castiliană și portugheză... Un simplu accident... Catalanii erau mult prea spre interior și nu ajungeau până în porturile unde se făcea recrutarea.

Să ne închipuim însă că centrul plecărilor spre Americi ar fi fost mai degrabă golful Biscayei... Țara Bascilor... Și că sute de mii de marinari basci ar fi luat calea Americii în numele suveranilor spanioli... Ei bine: o bună parte din planetă ar vorbi astăzi exotica limbă bască, sau o limbă derivată, basca de altfel fiind tipologic croită pe același tipar ca și majoritatea limbilor amerindiene.

Echilibrul lingvistic planetar ar fi fost azi cu totul altul, iar tipologia lingvistică indo-europeană nu ar mai fi părut atât de firească.

### *Ciudățenii basce: săptămâna de trei zile*

O săptămână de trei zile!!!... *Whoaaa*!... Vorbind o limbă unică, neînrudită cu nici o alta pe planetă, bascii mai sunt și singura cultură care împărțea timpul în unități succesive de *trei* zile. Altfel zis, săptămâna bascilor, înainte de creștinarea lor și înainte ca limba să înceapă să fie scrisă, nu avea decât trei zile.

Dacă planeta ar vorbi limba bască, am exclama, la fiecare trei zile: „Mulțumesc lui Dumnezeu că e miercuri!..." Lucrul este evident din numele vechi ale zilelor săptămânii în varianta standard *batua*:

Luni: *Astelehena* – prima a săptămânii (*aste* = săptămână, *lehen* = primul)

Marţi: *Asteartea* – mijlocul săptămânii (*artea* = mijloc)
Miercuri: *Asteazkena* – ultima zi a săptămânii
Joi: *Osteguna* sau *Orzeguna* – ziua de după sfârşitul săptămânii (*egun* = zi, *oste* = după).

Cât despre vineri–sâmbătă–duminică, etimologia lor nu e clară, ele par a fi fost adăugate mai târziu, drept completare, în mod limpede sub influenţa împărţirii creştine a timpului.

### *Ce trebuie să reţinem?*

După această rapidă trecere în revistă a peisajului lingvistic planetar, ideea este că ar fi imposibil, desigur, ca o persoană umană să reţină, să memoreze, să reproducă şi să proceseze în permanenţă atâtea limbi, cu mecanisme gramaticale atât de diverse şi cu o logică deseori în conflict cu cea a altor limbi.

Performanţele sportive de tipul „ştie douăzeci de limbi" nu servesc la nimic dacă ele nu se însoţesc de o înţelegere profundă a feluritelor tipologii şi a funcţionării limbajului uman. Sau dacă toate cele douăzeci de limbi provin dintr-o singură familie lingvistică şi au toate aceeaşi tipologie.

Cel mult – lingvistul autentic ar trebui să cunoască, în linii mari, toate tipologiile lingvistice posibile (sunt puţine, sub o duzină); să cunoască apoi, în linii mari, vocabularul comun, „la pachet", al limbilor aparţinând unei anumite arii culturale (am văzut că mai toate culturile musulmane au din arabă cuvinte precum *kitab* = carte etc.); să depăşească şi să se dezbare de obsesia, moştenită din sistemul de învăţământ, cu pronunţia „corectă", *ca la carte*.

## Limbile artificiale

### *Ce limbă a grăit Daenerys către Unsullied și Dothraki?*

În *Game of Thrones*, episodul *The Iron Throne* (ultimul episod al ultimului sezon, 6/6, sezonul 8) oferă un minunat exemplu de *bias* lingvistic. Mai precis: ce se întâmplă când creatorul unei limbi artificiale, inventate (aici: *Valyrian*) o modelează pe principiul limbilor pe care le cunoaște el și nu îi adaugă nimic „exotic".

Limba valyriană inventată de David J. Peterson funcționează astfel exact ca o limbă indo-europeană banală, cu câteva trăsături caucaziene (adică împrumutate de la limbile din Caucaz, pe care le-am prezentat separat; în lingvistică, la asta trimite termenul „caucazian", iar nu la clasificările antropologice anglo-saxone).

Valyriana are, astfel, un plural (sau un colectiv) în *-ar*, precum limbile germanice, o limbă caucaziană cum e limba svan, sau cum avea etrusca.

„Abrar! Valar! Riñār!", strigă Daenerys când se adresează gloatei, adică: „Femei! Bărbați! Copii!" ...Cum ar veni, un plural precum *Mann – Männer* în germană.

Mai are limba asta și o declinare de tip indo-european combinat cu cel semitic, precum atunci când Daenerys strigă: *Qoy qoy-i!*, adică *blood of my blood*, „sânge din sânge(le meu)". Altfel zis, un genitiv marcat morfologic, prin modificarea terminației posesorului (în semitică e invers, se marchează posedatul, precum în *Bnei Israel*, e ceea ce numim *status constructus*).

Dar, mult mai important, valyriana are o conjugare a verbului, cu terminații personale, diferite la singular și plural în funcţie de persoană şi număr. Ele chiar amintesc de terminaţiile indo-europene:

– *iksā* = „tu eşti“ / *iksāt* = „voi sunteţi“, amintind de pildă de italiană: tu *sei* / voi *siete*.

Ba chiar şi lexical, în expresia ritualică *Valar morghulis!* („Toţi oamenii – *valar* – trebuie să moară“) avem rădăcina *morgh-, care e „moartea“ în limbile iraniene. *Marg* este moartea în persană, farsi, iar în kurdă toată lumea a auzit de acei *peshmerga*, luptătorii în faţa (*pesh*-) morţii (*merga*).

Terminaţiile personale ale verbului sunt o trăsătură areală. Ele sunt specifice, iarăşi, limbilor indo-europene, semitice şi uralo-altaice. Sunt inexistente în majoritatea celorlalte familii de limbi ale planetei, unde verbul nu se conjugă în nici un fel (în chineză sau japoneză, de pildă, cum am spus, nu există conjugări). Chiar şi în limbile uralo-altaice şi fino-ugrice, precum turca sau maghiara, terminaţiile personale ale verbului sunt doar un rezultat al caracterului general aglutinant al acelor limbi şi nu arată gradul de îmbinare sintetică din limbile indo-europene.

Asta e revelator, cum spuneam la început, pentru un *bias* lingvistic al creatorului limbii. El n-a făcut-o să fie o limbă aglutinantă cu gramatica fără iregularităţi a unor limbi cum sunt turca, finlandeza sau maghiara. N-a făcut-o nici o limbă tonală, cum sunt cele extrem-asiatice (chineză, vietnameză etc.), şi nici una polisintetică, precum majoritatea limbilor indigenilor celor două Americi.

Ba chiar valyriana nici măcar nu este o limbă ergativă, precum basca şi toate limbile din Caucaz, ci una cu gramatica solid familiară, construită în jurul cuplului nominativ–acuzativ, exact precum limbile indo-europene şi cele semitice.

Cei care vorbesc limba asta ar putea fi hitiţi, de pildă, căci şi fonetica valyrianei e un indiciu în acest sens. Suntem pe teren lingvistic cunoscut, Unsullied şi Dothraki din *Game of Thrones* vorbesc ca noi.

## Mai putem oare să căutăm originea limbajului?

Multă vreme s-a crezut că am putea explica în mod raţional apariţia limbajului. Discuţia – şi disputa – a fost stârnită, spuneam, încă din Antichitate, odată cu faimosul dialog *Cratylos* al lui Platon, în care dilema oferită spre rezolvare este foarte simplă: (a) cuvintele noastre sunt oare rezultatul unui „pact social“, ori (b) s-au născut de la sine, prin imitaţia unor zgomote şi stări naturale? S-a strâns oare într-o zi sfatul bătrânilor tribului şi – indicând obiecte împrejur – au început să se întrebe: „Oh, venerabili înţelepţi ai aşezării, cum vom numi noi astea?“

(a) Este una din teoriile anticilor, dar, în ciuda frumuseţii ei romantice şi liniştitoare, se izbeşte de obiecţia de netrecut că pentru a ajunge la asta tribul trebuia să vorbească deja. Nu doar atât, dar ideea de „sfat al bătrânilor“ duce la un raţionament circular, la faptul că acea societate ar fi trebuit să posede deja instituţii (democratice sau ierarhice) cu nimic mai prejos de sofisticăreala noastră din timpurile istorice sau chiar de azi.

(b) Teoria opusă este cea a imitării unor zgomote naturale, sau a unor interjecţii întâmplătoare.

Zgomotele naturale: toate limbile posedă interjecţii, *zdrang*, *buf* şi *pluf* şi *plici* şi altele asemenea, de la care într-adevăr – fenomen universal – derivă verbe expresive. E limpede pentru oricine că *a zdrăngăni* vine de la un *zdrang!*, care a prins și s-a extins, pronunțat odinioară într-o comunitate anume, și care s-a răspândit la clanurile, triburile sau satele vecine de protoromâni, prin dominație culturală, migrație sau modă. La fel *a bufni*, *a croncăni* (imitația unei ciori) și atâtea altele. Dacă vaca *muge* e pentru că ea face „muuu!" și făcea *muuu* în latină deja (*mugire*). Tot așa, putem bănui de ce măgarul *rage*. În latină, când leul urla era *rugire*, rămas până azi în franceză, unde *le lion rugit*, iar urletul său este un *rugissement*. Dar lucrurile nu stau întotdeauna așa de simplu și de maiestuos. Dacă *le lion rugit* în franceză, în schimb nu e deloc clar și nici impresionant de ce tigrul *feule*. Căci verbul franțuzesc pentru urletul tigrului este *feuler*, iar sunetul produs este un misterios *feulement*.

Interjecții întâmplătoare: De aceea, puține lucruri sunt mai ridicole și mai decredibilizante decât eforturile unor lingviști amatori de a explica totul prin onomatopee. Astfel, într-o carte de inițiere în evoluția limbii ebraice de un anume Edward Horowitz, *How the Hebrew language grew* (Ktav Publishing, 1960), carte de un comic (involuntar) absolut, am putut citi următoarea „explicație" a termenului ebraic pentru leu: *ari* (care intră și în nume proprii biblice precum *Ariel* = „Leul lui Dumnezeu"). Ideea e acolo că odinioară, în noaptea timpurilor, când vorbele nu erau încă cu totul tocmite, cineva a fost atacat de un leu și a venit înapoi fuguța în sat să dea alarma, imitând răcnetul probabil al leului: *Arrriii, arrriii!*

Asemenea „explicații" și teorii sunt lansate foarte în serios de către participanții la dialogul *Cratylos* al lui Platon, iar vicleanul Socrate reușește să amețească ambele tabere, susținând alternativ cele două teorii rivale și opuse, demontându-le apoi pe ambele și lăsând ca nedumerirea universală să plutească până astăzi.

Romanii n-au izbutit să meargă mai departe. O lucrare impresionantă cum este *De lingua latina* a lui Varro propune doar o lungă serie de etimologii individuale, majoritatea naive sau ridicole, şi nu se ocupă câtuşi de puţin de tipologia limbii, de flexiune sau de originea formelor verbale. Pentru aproape încă două milenii, limba avea să fie văzută doar ca un depozit de cuvinte, iar nu ca o structură.

Asta nu înseamnă că toate teoriile „naturaliste" trebuie respinse în bloc. Unele au o mare doză de plauzibilitate. Voi da un singur exemplu: ar putea bănui oricine că românescul „vânt", din latinescul *ventus*, este înrudit cu germanicul *wind*. Mai mult: *ventus* în latina clasică era pronunţat *wentus*, cu *v-* fiind de fapt semivocala *w-* din *wind* din engleza sau olandeza de astăzi.

E mai puţin evident, dar devine limpede foarte rapid că avem aceeaşi rădăcină indo-europeană şi în slavonul *veter* (vânt). Este vorba doar de un sufix diferit de la o limbă la alta, sau de la o familie de limbi la alta, pornind de la o rădăcină care poate fi reconstituită, simplificând, ca **waH-*, care în sanscrită este şi rădăcină verbală, formând verbe cu sensul de „a sufla". Dar tocmai acea rădăcină o regăsim şi în verbul încă folosit astăzi în olandeza modernă *waaien*, care înseamnă „a sufla" sau „a bate" vorbind despre vânt. E limpede că în acest caz este greu de respins argumentul care ar atribui o origine onomatopeică unui **waa-* vorbind despre vânt sau aer suflat.

Dar acelaşi lucru s-ar putea presupune în egală măsură şi despre termenul chinez pentru vânt, *fēng* (風, pronunţat ca şi cum ar fi în română *făăng*, cu un *-ăă-* lung), care a intrat în mai toate limbile planetei prin expresii precum *Feng Shui* (literal: „vânt-apă") sau *taifun* (din englezul *typhoon*, la rândul lui cel mai probabil din chinezescul *tai* *fēng*, „vânt mare“). Or putem presupune că acest *fēng* are o origine onomatopeică în egală măsură cu indo-europeanul **waaH-*.

Toate aceste mărunte ipoteze nu au însă nici o consecință asupra tipologiei sau structurii limbii şi nici asupra flexiunii sau a apariţiei şi evoluţiei terminaţiilor personale. Acolo intrăm într-un cu totul alt domeniu, care ne poate duce spre profunzimi istorice nebănuite.

Astfel, toate limbile indo-europene au rădăcina **ed-* pentru „a mânca“. Engleză: *eat*, olandeză: *eten*, slavă: *edu* („eu mănânc“), latină: *edo* („eu mănânc“), plural: *edunt*, *edent* („ei mănâncă“). De aici vine şi spaniolul *comer*, „a mânca“ = *com-edere*, „a mânca împreună“. Dar într-o epocă străveche, de la acest plural verbal: *edent* („ei mănâncă“) a venit numele dinţilor: *dent* – de la *(e)dent*, „cei cu care mănânci“. *Dens*, *dentem* în latină, *odont-* în greacă etc. *Tooth* în engleză (*tand* în olandeză)... dar nu-şi mai dă nimeni seama astăzi că *tooth* şi *eat* aveau acum mii şi mii de ani aceeaşi rădăcină. Avem confirmarea într-o limbă care trebuie că a fost vecină cu indo-europeana. În georgiană *kbili* înseamnă simplu „dinte“, dar intră şi în rădăcina verbului „a muşca“, „a mânca“.

Asemenea scurte priviri în preistorie par a deschide o portiţă spre originea limbajului. Antropologul francez André Leroi-Gourhan (mare adversar al amatorismului lui Mircea Eliade în multe chestiuni legate de originea şi evoluţia religiilor şi riturilor sociale) a fost unul dintre ultimii cercetători autentici care au abordat în mod solid şi convingător problema originii limbajului. În cartea sa *Gestul şi cuvântul* (tradusă şi în română în 1983), el propunea exact asta: o teorie care lega naşterea treptată a limbajului – fenomen care se poate să se fi întins pe milioane de ani – de spaţiul pe care îl formează mâinile şi gura la oameni, spre deosebire de celelalte primate, maimuţele mari. Scria Leroi-Gourhan: „Libertatea mâinii implică în mod necesar o activitate tehnică diferită de cea a maimuţelor, iar libertatea mâinii în timpul locomoţiei, asociată cu o faţă scurtă şi fără canini de atac, comandă folosirea organelor artificiale care sunt uneltele. Poziţia în picioare, faţa mică, mâna liberă în timpul locomoţiei şi deţinerea de unelte detaşabile sunt cu adevărat criteriile fundamentale ale umanităţii." Şi continuă el, explicând relaţia dintre mâini, gură şi limbaj: „Cu toate acestea, mai ales pentru limbaj, natura ne-a modificat mâinile. Dacă omul ar fi fost lipsit de ele aşa cum le avem astăzi, părţile feţei s-ar fi format la el precum cele ale patrupedelor, pentru a-i permite să se hrănească; faţa lui ar avea o formă alungită, subţiată în regiunea nărilor, cu buzele proeminente, aspre, tari şi groase, pentru a rupe iarba; ar avea între dinţi o limbă foarte diferită de cea pe care o are, cărnoasă, rezistentă şi aspră, pentru a mesteca şi frământa mâncarea în acelaşi timp cu dinţii [...]. Dacă corpul nu ar avea mâini, cum s-ar forma vocea articulată în el? Forma părţilor din jurul gurii nu s-ar conforma nevoilor limbajului. Omul, în acel caz, ar fi trebuit să behăie, să strige, să latre, să necheze, să ragă precum boii sau măgarii ori să urle ca sălbăticiunile."

E suficient să privim cum introduc mâncarea în gură gorilele şi cimpanzeii pentru a pricepe că neîndemânarea aparentă a gesturilor alimentaţiei nu poate să nu aibă o legătură directă cu absenţa limbajului articulat.

## Misterul originii limbajului

În 1866, nou creata pe atunci Société Linguistique de Paris a decis să respingă pe vecie publicarea oricărui studiu în legătură cu originea limbilor, a limbajului uman. Asta pentru că orice teorie despre originea limbii ne duce direct la o fundătură logică şi la un raţionament circular. Limba nu iese din horcăieli animalice, dar în acelaşi timp nici n-a putut să ţâşnească, aşa cum o cunoaştem de la cele mai vechi texte, deja constituită. Vreme de un secol, până în anii 1960, tema originii limbajului a fost aşadar lăsată deoparte de lingvişti, de ambele părţi ale Atlanticului.

Abia Noam Chomsky a putut veni cu sugestia unui început de explicaţie, atunci când şi-a definit principiile gramaticii universale şi ale „structurii profunde", însă până şi sugestia lui a unei mutaţii genetice (imposibil de datat) rămâne un soi de *deus ex machina*. Nimeni însă n-a contestat teoria principală a lui Chomsky, şi anume că toate limbile planetei (şi toate limbile posibile şi imaginabile), sub aparenţa unei faţade uneori aproape imposibil de reprodus sintactic, lexical sau sonor, ascund în realitate aceeaşi structură a comunicării.

Nimeni n-a contestat asta până a apărut Daniel Everett, un fost misionar care a trăit printre indigenii din Amazonia şi care spune azi că, petrecând el ani de zile în mijlocul tribului Pirahã, şi-a pierdut şi fervoarea creştină, şi credinţa în Chomsky.

Pornind de la limba acelor indieni amazonieni Pirahã, pe care a analizat-o, Daniel Everett contestă de mai bine de un deceniu toate afirmaţiile universaliste ale lui Chomsky (care nu-i răspunde însă niciodată).

Problema e că, în cazul limbii tribului Pirahã, este vorba de o limbă pe care doar el, Everett, singurul din lume, o cunoaşte, în afara respectivilor indieni, iar pe deasupra acea populaţie nu depăşeşte câteva sute de persoane.

## Cum a început limbajul?

Cartea lui Everett se numeşte *Cum a început limbajul* (*How Language Began: The Story of Humanity's Greatest Invention*, Profile Books, London, 2017). Pe scurt, în locul mutaţiei genetice a lui Chomsky şi al ipotezei că ar exista un „instinct al limbii" (teorie rezumată perfect de discipolul lui Chomsky Steven Pinker, în *The Language Instinct*, 1994), Everett propune pur şi simplu evoluţia lentă. Nici unul din organele producătoare de limbaj nu a apărut anume pentru asta, nici măcar aparatul fonator. Toate sunt organe anterioare limbajului, având iniţial alte funcţii (limba, de pildă, participă la funcţia alimentaţiei şi o posedă toate animalele, aşa că n-a fost creată pentru limbaj, cum n-au fost nici plămânii), organe care s-au adaptat apoi (mereu imperfect) producerii de limbaj articulat. E vorba aşadar de evoluţie şi adaptare.

Toate astea nu contrazic în realitate teoria lui Chomsky, pentru că evoluţia poate într-adevăr produce o mutaţie genetică. Aşa s-a întâmplat de pildă în neolitic, odată cu domesticirea animalelor producătoare de lapte, când populaţiile din Orientul Apropiat, Europa şi Asia Centrală au început să consume lapte şi la vârsta adultă, ajungând la asta printr-o mutaţie genetică. În schimb majoritatea celorlalte populaţii ale planetei, în special în Orientul Îndepărtat, în Americi şi în Australia, au rămas la stadiul de intoleranță la lactoză. Japonezii sau indienii din Americi nu beau iaurt, pentru că li se face rău.

Însă Everett atacă frontal edificiul teoretic al lui Chomsky când neagă universalitatea a ceea ce e cunoscut în lingvistică și informatică drept *recursion* (recursivitate). Recursivitatea este procedeul logic și sintactic prin care frazele limbajului uman sunt structurate ierarhic (*hierarchical sentences*). Altfel zis, fraze care conțin alte fraze, propoziții subordonate, forme complexe de exprimare pe care le regăsim chiar și în limbajul unor oameni foarte simpli, dar care sunt inaccesibile comunicării animale.

## Recursivitate: „mergem, dar nu-i spunem prostului"

Altfel zis, nici un animal, oricât de inteligent, nu-i poate spune altui animal din aceeași specie: „dacă nu plouă mâine, mergem spre seară să dezgropăm treburile alea pitite acolo, însă tu nu-i spune asta prostului cu care te-am văzut ieri". Așadar, pe lângă structurile ierarhice ale comunicării (propoziții condiționale și subordonate) mai avem acolo și: categorii temporale („ieri" și „mâine"); de număr („treburile" îngropate, eventual forme speciale de dual inclusiv, cum încă avem în limba slovenă pronume personale și forme verbale diferite pentru 2 (dual) și plural: *mi gremo* = „noi (mulți) mergem" vs *midva greva* = „noi (doi) mergem"); apoi sugestii de complot, minciună (disimularea unei acțiuni ilicite viitoare) și umor social („prostul ăla!").

Potrivit lui Everett, indienii Pirahã pot însă doar să zică scurt, fragmentat, *acum*... Everett pretinde, așadar, că indienii amazonieni Pirahã nu posedă nimic din toate cele de mai sus, că ei nu cunosc nici număr, nici categorii temporale şi nici „recursivitate" în limbaj. Că ei ar fi, aşadar, relicva unui stadiu anterior al limbii, în care prostul din pilda de mai sus ar fi incapabil să vină să protesteze: „am auzit c-aţi fost ieri să dezgropaţi alea fără să-mi spuneţi". Potrivit lui Everett, indienii Pirahã pot doar să zică, pe etape logice: „Voi mers acolo. Voi dezgropat. Voi mie nu spus asta. Eu aflat. Voi ticăloşi. Pedeapsă. Eu pe voi acuşi umilesc sexual în mod nenatural."

Problema mare aici, pentru teoria lui Everett, este că majoritatea semenilor noştri chiar aşa vorbesc şi azi, în ciuda sofisticărelii limbajului şi a accesului virtual la totalitatea informaţiei din lume. El însuşi subliniază, de altfel (şi fără să-şi dea seama că se contrazice), cum comunicarea umană rămâne plină de ambiguităţi, este etern imperfectă, n-are, foarte adesea, nimic riguros şi exact, iar sensul reiese deseori doar din context, căci uneori cuvintele spun exact contrariul sensului lor iniţial. (Oricine se pricepe să răspundă cu iritare sau ironie „Da, desigur!" pentru a indica de fapt un refuz.) Tocmai de aceea este exclus ca vreo formă de inteligenţă artificială (AI), precum cea cu care e înzestrat HAL 9000 în filmul *Odiseea spaţială* al lui Kubrick, să poată vreodată să distingă umorul de ambiguitatea contextuală, sau să descifreze glumele despre moarte, sex, bani şi Simona Halep la Roland Garros din *Charlie Hebdo*.

La fel se mai înşeală Everett şi când acordă o importanţă evolutivă faptului că în anumite populaţii femeile vorbesc altfel decât bărbaţii (v. *Dacopatia*, ed. a 2-a, p. 25, secţiunea „Cantemir şi limba femeilor"): altă fonetică, alt lexic. Or asta se întâmpla şi în Moldova secolului al XVII-lea, cum remarcase deja Cantemir. Şi rămâne surprinzătoarea eroare metodologică ce constă în a deduce că acei indieni Pirahã nu posedă noţiunea timpului pentru că el, misionarul Everett, n-a reuşit să scoată de la ei adverbe de timp sau termeni pentru „ieri" şi „mâine", trecut şi viitor.

## „Tantôt" şi „acuşi"

Acest Everett nu vorbeşte, în mod vizibil, franceză, sau ar fi fost pierdut încercând să definească un adverb francez precum *tantôt*. Acesta poate să însemne ceva în viitorul apropiat: *je reviens tantôt*; sau în trecutul apropiat: *je suis venu tantôt*. Cam la fel şi cu adverbul din hindi/urdu (limbi de măreaţă cultură) *kal*. Acest *kal* (کل în urdu, कल în hindi) înseamnă „ieri", dar şi... „mâine"! Asta e doar aparent surprinzător, căci sensul de „ieri" sau „mâine" este limpezit instantaneu de verbul folosit la trecut sau viitor. E vorba acolo doar de indicarea unui timp scurt şi foarte apropiat de momentul prezent. Azi sau mâine, adică nu acum, dar nu departe în timp.

La fel, acelaşi cuvânt „acuşi" le serveşte românilor să desemneze atât trecutul, cât şi viitorul... La urma urmei, şi în română spunem la trecut: „*acuşi* am fost acolo", dar în acelaşi timp, cu nuanţă de viitor: „*acuşi* mă duc dincolo". Evident, misionarul Everett ar fi pierdut aici şi ar deduce că vorbitorii de română sunt încă într-un stadiu primitiv al limbajului în care acelaşi cuvânt „acuşi" le serveşte să desemneze atât trecutul, cât şi viitorul.

Desigur, în cazul multor semeni vorbitori de română, inclusiv printre cei care publică în mari reviste, Everett nu s-ar înşela să diagnosticheze un stadiu primitiv al limbajului, dar acuşi, pe moment, nu vedem la el o reuşită a contestării teoriilor lui Chomsky. Poate că totuşi acea

Société Linguistique de Paris ştia ce face atunci când a decis, în 1866, cum spuneam, să respingă pe vecie publicarea oricărui studiu despre originea limbajului uman.

## Dezmierdări: au fost oare ţaţele, moaşele şi bunicile la originea limbajului uman?

Probabil că majoritatea vorbitorilor nu sunt conştienţi de aceea că în limba română verbul „a dezmierda" vine de la latinescul arhaic *merda*. Cum am amintit şi în *Dacopatia* (ed. a 2-a, p. 202), „a dezmierda" a însemnat iniţial a şterge sau a înlătura (*des-*) dejecţiile, fecalele: **merda*, **mierda*, rămasă în româneşte doar în acest cuvânt.

Spun asta pentru a lansa o discuţie despre o carte proaspăt tradusă în româneşte despre originea limbajului (*Zorii limbajului*/*The Dawn of Language*, de Sverker Johansson, Humanitas, Bucureşti, 2022).

Tocmai am scris mai sus despre o altă încercare recentă de a desluşi originea limbajului, cea a lui Daniel Everett. Acestea sunt tentative noi şi îndrăzneţe. Iată însă că noua carte a cercetătorului suedez Sverker Johansson formulează teoria că transmiterea limbajului se poate să fi fost favorizată de femei (femele) şi de dificultatea speciei umane de a naşte, spre deosebire de maimuţele mari, primatele: „Deoarece naşterile sunt atât de dificile la om", scrie el, „un ajutor poate reprezenta diferenţa dintre viaţă şi moarte, adesea pentru copil şi uneori şi pentru mamă" (p. 239 din ed. rom. – vezi Bibliografia). Cooperarea socială bazată pe încredere ar fi aşadar motorul social care a stimulat dezvoltarea limbajului articulat, produs colectiv.

Asta ar fi fost apoi urmat de grija permanentă a bunicilor pentru copii. Prin asemenea teorii şi concluzii, desigur, autorul nostru ajunge să abordeze şi chestiunea limbajului la oamenii (sau umanoizii) de Neanderthal. El vine cu ipoteza că limbajul articulat s-a dezvoltat mai întâi însoţit de foarte multe gesturi (cum vedem şi astăzi la unii mediteraneeni care aproape că nu pot vorbi dacă nu dau din braţe ca aripile sau palele unei mori de vânt).

A venit apoi conversaţia despre nimicuri. Da, acea bodogăneală în jurul focului, discuţiile – deseori pline de minciuni –, flecăreală menită să umple plăcut timpul, specifică oamenilor din toate culturile, flecăreală întretăiată de cântece care solidifică şi dă formă ideologiei şi mitologiei tribului.

Şi păsările cântă, desigur, dar o fac pentru a transmite un mesaj precis, invariabil, cel mai adesea de împerechere. Iar păsările nu se mint una pe alta, spre deosebire de cântecele oamenilor. Apoi acele cântece şi legende sunt transmise de dădace, mame şi bunici copiilor, în timpul practicii de *grooming*, cum spun antropologii, pe care, desigur, o întâlnim şi la primate, la maimuţele mari. Este acea despăduchere pe care o vedem prin filmele documentare şi care creează un liant afectiv, însă este şi explicaţia originii verbului românesc menţionat: „a dezmierda“.

De aceea, cum întreabă cu umor autorul cărţii, Sverker Johansson: este oare moaşa copilului şi moaşă a limbajului?

Moaşele şi bunicile – creatoare ale limbajului uman!...

## Ce limbă vorbea Adam: „nostratismul“, sau cum lingvistica de azi e invadată de o pseudoştiinţă

În romanul *Primul cerc* al lui Aleksandr Soljeniţîn (al cărui titlu sugerează infernul lui Dante, unde „primul cerc“ sunt limburile în care sălăşluiesc întru incertitudine cei care n-au putut fi mântuiţi înainte de moarte) figurează câteva scene cu un Stalin demonic, încarnare a răului absolut şi manipulatoriu, dar care deodată îşi pune probleme lingvistice. Mai precis, Stalin se frământă acolo dacă în termeni marxişti limba poate fi considerată ca făcând parte din „suprastructură" sau din „infrastructură". Este ea mijloc de producţie, unealtă, sau creaţie imaterială, sau ce?

E complet irelevant astăzi ce însemnau acei termeni în vulgata marxistă a stalinismului, în schimb ce poate fi reţinut este că Soljeniţîn evoca acolo un episod real: căderea în dizgraţie, datorită schimbării de atitudine a lui Stalin, a teoriilor lingvistului oficial al regimului care fusese Nikolai Marr. Acela, un georgian ca şi Stalin, şi ca şi şeful NKVD-ului (care avea să fie ulterior rebotezat KGB) Lavrenti Beria, Nikolai Marr aşadar murise în 1934, dar doctrina lui centrală, pe care Stalin avea s-o renege, a figurat în manuale şi a făcut parte din ideologia regimului până la începutul anilor 1950. În mod straniu, acea doctrină avea accente cvasi-biblice, căci postula existenţa în noaptea timpurilor a unei limbi „adamice", o proto-limbă din care ar fi descins limbile istorice şi moderne. Ba chiar Marr inventase termenul „iafetic" pentru acea limbă primordială, de la numele unuia dintre cei trei fii ai lui Noe, Iafet, ceilalţi doi fiind Sem (al cărui nume a fost dat limbilor „semitice") şi Ham (de unde limbile „hamitice").

### *Turnul Babel:*<br>*mitul limbii iniţiale, primordiale, şi cum*<br>*o ştiinţă precum lingvistica poate regresa*

Atât de mare fusese obsesia lui Nikolai Marr cu ideea de a „reconstitui" limba primordială, încât ajunsese la concluzia, pe care a difuzat-o larg în URSS, dar şi în afară, nu doar că toate limbile omenirii vin dintr-o singură „proto-limbă iafetică“, ci chiar că întreaga vorbire umană urcă, în adânca preistorie, până la patru vocabule primordiale, patru interjecții, care după el erau... *sal, ber, yon* și *rosh*!

Un loc central în doctrina lui Marr îl juca limba georgiană (*kartveliana*), considerată a fi rămas cea mai apropiată de limba primordială (ah, sigur, suntem liberi să considerăm o întâmplare faptul că georgiana era limba maternă atât a lui Marr, cât și a lui Stalin și Beria). Coborâtă la acest nivel, o asemenea teorie lingvistică ține mai degrabă de domeniul psihiatriei, și totuși ea a domnit câteva decenii în universitățile sovietice.

Că este imposibil să urci atât de mult în timp cu reconstituirea unei limbi oarecare (ca să nu mai vorbim de o limbă „adamică“ sau „iafetică“ de la începutul preistoriei, un soi de *Ursprache*) o știm din teoria clasică a lingvistului american Morris Swadesh (ai cărui părinți erau evrei basarabeni, de altfel), potrivit căreia orice limbă își schimbă și își înlocuiește în decursul unui mileniu un anume procent de cuvinte din fondul lexical, în medie vreo 14%-15%. (Ajunge să comparăm un text din primii cronicari moldoveni cu limba de azi, ca să vedem că așa este.) Asta înseamnă că în șase milenii o limbă devine de nerecunoscut, se modifică total, fie și numai la nivelul lexicului, fără a mai vorbi de gramatică și tipologie.

Și așa ajungem la uluitoarea constatare că absurda teorie a lui Marr a fost reînviată recent, în ultimele decenii, de lingviști occidentali, în special americani, și că o asemenea pseudoștiință a ajuns să fie predată în universități de prestigiu. De pildă, Merritt Ruhlen (decedat în 2021) a predat ani de zile la Stanford!

Teoria se numește astăzi „nostratism“, de la latinescul *nostrates* („ai noștri“). Printre fondatorii ei au fost și lingviști autentici, precum Joseph Greenberg, care a reuşit performanţa de a clasifica totalitatea limbilor africane într-un mod foarte convingător, acceptat astăzi universal. Clasificările „nostraticilor" precum pomenitul Merritt Ruhlen sunt însă în general ridicole, deseori chiar ignorante, trecute însă de la profesor la studenţi. Astfel, centrală pentru „nostratism" este presupusa existenţă a unei „familii de limbi" numite „na-dené–caucaziană", care reuneşte, potrivit lor, limbile indienilor din America de Nord din familia Na-Dené (dintre care cea mai cunoscută este *navajo*) cu... chineza, tibetana şi... „limbile caucaziene"!

Lăsând deoparte faptul că nu există o familie unică de limbi caucaziene şi că acelea formează la rândul lor trei familii complet neînrudite între ele (nu există nimic comun între cecenă şi georgiană, de pildă), dar... chineza şi tibetana alături de limbile indienilor americani? Ba chiar vârâtă la pachet şi cu limba bască din Europa, în munţii Pirinei!

„Metoda" *nostraticilor* este de a reduce tot lexicul limbilor comparate la rădăcini monosilabice (de tipul *sal, ber, yon* sau *rosh*), uneori chiar monoconsonantice sau monovocalice, şi de a trage concluzia unei rudenii. Ei lasă cu totul deoparte gramatica, structura şi tipologia limbilor comparate. Este limpede că, atunci când se coboară la gradul acesta de lipsă de rigoare ştiinţifică, orice poate fi comparat cu orice şi se poate da iluzia că avem posibilitatea să ne întoarcem până la Turnul Babel... sau până la Adam, cel care „a pus nume tuturor animalelor şi tuturor păsărilor cerului şi tuturor fiarelor sălbatice" (Facerea 2:20).

Stalin, care într-o altă scenă hilară din romanul *Primul cerc* al lui Soljeniţîn argumentează nocturn la telefon cu Beria (în georgiană, desigur, precizează Soljeniţîn), ar rânji satisfăcut aflând că în California unii studenţi, la doar două generaţii după mişcarea hippie, învaţă teoriile lui Marr pe care el însuşi le repudiase, ba chiar cred că pot reconstitui limba din preistorie până la cele patru vocabule primordiale: *sal, ber, yon* şi *rosh*!

# *Sistemele de scriere*

## De ce româna nu datorează nimic limbii ruse

Tot poporul e convins că se pricepe la lingvistică şi mai toţi cred şi că lingvistica nu-i o ştiinţă exactă, sau chiar nu e deloc o ştiinţă, şi atunci oricine are dreptul la opiniile personale cele mai absurde, pentru că ar fi vorba de o ştiinţă „umanistă", deci bună de terfelit cu prima ipoteză absurdă care-ţi trece prin cap. Precum aceea, greu de extirpat, despre care am vorbit deja, că geografia ar influenţa limbile şi că arabii vorbesc aşa din cauza vântului din deşert.

— „*Harvest*", îi explicam odată cuiva, „*harvest*, aşadar, «recolta» englezească, este etimologic şi istoric acelaşi lucru cu germanul *Herbst*, «toamna»".

— „Dar nu e deloc acelaşi lucru! a sărit ofensată. Poate sună la fel, dar înseamnă cu totul altceva, văd că nu ştii."

Da, oamenii pur şi simplu nu au o idee dinamică despre evoluţia limbilor, ei cred că aceleaşi rădăcini evoluează la fel în limbile surori şi că sensul rămâne acelaşi şi că trebuie să existe, matematic, nişte corespondenţe perfecte. De aceea e greu să le explici unor români că, în ciuda ideii înfipte adânc în minți, rusa, de pildă, nu a influențat în nici un fel româna în formarea ei. Străbunicii rușilor erau prea departe de cei ai românilor, care i-au avut ca vecini pe bunicii bulgarilor și sârbilor. Româna din România cel puțin nu datorează mai nimic limbii ruse. De la bulgari și sârbi vin slavismele în româna veche, nu de la ruși, și o vedem în împrumuturi.

Iată un exemplu: *a trebui.*

Noi l-am luat de la sârbi și bulgari. „Trebuie“ = *tako treba*. „Nu trebuie“ = *ne treba*. Tot de acolo mai avem „treabă“ și „netrebnic“. *Šta ti treba?* = „Ce-ți trebuie?“

La ruși însă, aceeași rădăcină slavă are un cu totul alt înțeles. *Ja trebuju* nu înseamnă în rusă că „eu trebuie“ să fac ceva, ca la vecinii noștri din sud, ci că eu pretind să obțin ceva cu forța, că revendic ceva, poate chiar violent.

Aici profanul ar zice: coincidență sonoră, nu-i deloc același sens. Sigur că nu e același înțeles, dar lingvistul știe că asemenea alunecări de sens s-au petrecut și în alte limbi, identic, de pildă atunci când franțuzescul *demander* a intrat în engleză cu sensul violent de „a revendica cu obligație“: *to demand*. A aflat-o pe socoteala lui Mitterrand când i-a scris lui Thatcher, iar traducătorul prost a redat catastrofal franțuzescul *Nous vous demandons* prin *We demand that...*, expresie grosolană și violentă, care ar fi: „Cerem să vă conformați imediat“.

Lingvistul știe cum se petrec transferurile de sens și de ce o rădăcină ajunge să desemneze noțiuni diferite, uneori chiar opuse (deși în cazul lui *harvest* și *Herbst* sensurile derivă unul din altul). Profanul însă o să țipe că el vede că aia nu-i aia.

*Trebuie* așadar explicat că lingvistica nu înseamnă acumulare sportivă de cuvinte în capul vorbitorului și nici a putea pronunţa RrîRrîit ca parizienii sau tonurile chinezeşti. E vorba mai degrabă de priceperea algoritmilor care fac să funcţioneze comunicarea unui grup uman în mişcare şi dezvoltare.

Iată, ca bonus: englezescul *tide* („mareea“) nu e altceva decât acelaşi cuvânt ca germanul *Zeit* („timp“), dar şi ca olandezul *tijd* („timp“). Pentru englezii timpurii lipiţi de coasta lor, timpul era spaţiul dintre două veniri ale apei mari. *The tide is high*, cum cânta Blondie.

Ruşii sunt o intruziune recentă în istoria românilor şi nu le datorăm mai nimic, afară de administraţia lui Kiseleff în Bucureşti şi rusificarea forţată a Basarabiei. Particula *da*, de pildă, este luată de la slavi, într-adevăr, însă e de la slavii din sud, de la bulgari şi sârbi. E foarte probabil ca românii să fi folosit înainte un *si*, precum italienii şi spaniolii.

Nu e însă nici o ruşine că am împrumutat *da* de la slavi, e doar o influenţă culturală. Ca un exemplu contrar şi paralel, slovenii, dintotdeauna sub influenţă germană (austriacă), deşi vorbesc o limbă slavă foarte arhaică l-au pierdut pe *da* şi spun astăzi... *Ja*, din germană.

De la ruşi însă, lingvistic, limba română din România a moştenit doar deformarea comunistă a termenului (slavon, dar iniţial luat de noi tot din ucraineană) „tovarăş“.

## Alfabet şi politică

Am fost întrebat de cineva dacă nu putem anticipa un curent politico-cultural ucrainean de renunţare la alfabetul chirilic şi trecere la alfabetul latin.

Am răspuns că nu, desigur, şi că ar fi absurd: alfabetul chirilic nu a fost inventat de ruşi. Mi-am dat seama atunci că plutesc în continuare uriaşe confuzii identitare în legătură cu locul limbii ruse, al ortodoxiei slave şi al alfabetului chirilic.

– Limba rusă NU ESTE un fel de mamă a limbilor slave, ci e un simplu membru al ramurii limbilor slave de răsărit, în egală măsură cu ucraineana şi bielorusa.

– Aşa cum, începând din sec. al XIX-lea şi până astăzi, a plutit un mit romantic în legătură cu sanscrita, văzută (eronat) ca matriţa şi matricea limbilor indo-europene, la fel şi rusa este văzută de profani – din nou eronat – ca stând la originea limbilor slave. Departe de asta, rusa este, de pildă, mai puţin interesantă decât slovena, limbă arhaică în care s-a păstrat „dualul", pe lângă singular şi plural, atât pentru verbe, cât şi pentru substantive.

– Rusa este mai puţin interesantă lingvistic şi istoric decât polona, care a păstrat nazalizările din slava veche („ei sunt" = *oni są*, unde *są* este pronunţat exact ca franţuzescul *sont*).

– Ceea ce numim „slava veche", sau „slavona de biserică", nu este rusa veche, ci... bulgara veche! Chiril şi Metodiu, creatorii alfabetului slavon, erau de pe lângă Salonic, altfel zis „slavo-macedoneni". Limba în care au scris ei (bulgara veche) şi alfabetul inventat de ei i-au influenţat masiv pe toţi ceilalţi slavi. Rusa nu era scrisă pe atunci. Alfabetul chirilic nu este „rus" aşadar, iar în versiunea sa folosită de sârbi sau bulgari alfabetul chirilic a păstrat trăsături mai arhaice decât cel rusesc, care a fost simplificat la Revoluţie. Ucrainenii nu au deci nici un motiv să renunţe la un alfabet care formează baza identităţii lor culturale şi care nu le-a fost adus de ruşi, ci le-a venit de la sud, din Balcani, odată cu creştinismul.

– Dimpotrivă, Kievul medieval şi, ulterior, Kievul Renaşterii au reprezentat modele culturale pentru Rusia moscovită, încă săracă cultural pe atunci.

– Chiril şi Metodiu au creat pur şi simplu, foarte inovativ, litere noi pentru sunetele pentru care alfabetul grec sau cel latin nu au semne. Litera Ч, de pildă, pentru sunetul redat greoi în germană prin *-tsch-* sau în polonă prin *-cz-*. O parte din alfabetul slavon a fost împrumutat din greacă, dar multe litere au fost inventate de ei, pentru că fonetic greaca e mai săracă decât limbile slave, ba chiar Ш, ш (ş, *-sh-*) e luat direct din ebraică: ש.

Cât despre slavii occidentali şi croaţi, ei au trecut la alfabetul latin în urma unei reforme solide a scrierii iniţiate de cehul Jan Hus, care a inventat diacriticele moderne.

– Datorită creştinării tardive şi venite din exterior a ruşilor, limba rusă a suferit o masivă influenţă a slavei balcanice – bulgara veche –, adoptând nu doar convenţiile grafice din bulgară, scrierea şi ritualul, ci chiar şi forme lexicale şi sintactice; influenţa masivă, începând cu Chiril şi Metodiu, a fost aşadar dinspre Balcani spre pământurile ruşilor, trecând prin Kiev, iar nu invers. Ruşii au fost cei colonizaţi cultural de „balcanici“ şi de „ucraineni“.

– Pe scurt, pentru lingvist, rusa este doar o limbă slavă răsăriteană, care, ieşită de sub dominaţia tătaro-mongolă, şi-a creat un imperiu, impunându-se ca standard forţat peste ceilalţi. Rusa e văzută eronat ca fiind un fel de standard în continuumul slav, la fel cum germana e văzută în mod greşit ca fiind mama limbilor germanice. În realitate, olandeza (şi mai ales dialectele flamande) este mult mai apropiată de germanica comună; la fel cum în cadrul limbilor slave polona sau slovena oferă trăsături mult mai arhaice şi apropiate de trunchiul comun decât rusa.

– Cât despre „marea literatură rusă", să nu uităm că Gogol, părintele literaturii ruse moderne, era ucrainean pur, cu identitatea sfâşiată, iar Bulgakov e născut la Kiev.

Scrierea, adaptată fonetic sau nu, moştenită sau creată de la zero, nu are aşadar nici o legătură cu complexitatea, natura sau structura limbii. Româna a fost scrisă vreme de secole în chirilice. Chiar şi araba poate fi scrisă în alfabet latin, cum o vedem în cazul arabei malteze, dialect apropiat de cel vorbit în Tunisia, peste mare, dar care se scrie în alfabet latin, uneori chiar cu turnùri şi artificii etimologice vizibile şi limpezi doar pentru lingvistul semitolog.

Asta e dovedit şi de felul în care japoneza, o limbă total neînrudită cu chineza şi cu o structură şi tipologie situate la antipozii acesteia, a adaptat, chiar dacă extrem de greoi, scrierea chineză, completând-o cu două seturi de semne silabice, pentru redarea silabelor şi a particulelor gramaticale, ceea ce a dus la un sistem de notare grafică a cărui logică o aminteşte pe cea a hieroglifelor egiptene, care erau o combinaţie de „ideograme" şi semne fonetice.

Apoi, avem exemplul altor limbi complet neînrudite cu chineza: coreeana şi vietnameza, care de asemenea nu au nimic comun între ele şi care, după ce vreme de secole s-au slujit de scrierea chineză, şi-au inventat alfabete proprii. Cel coreean, „Hangul", care imită intenţionat, mai ales prin estetica dispunerii în silabe, scrierea chineză, a fost creat intern, pe baze strict fonetice; cât despre vietnameză, ea se scrie într-un alfabet latin adaptat şi modificat de misionarii creştini şi care, prin numărul ridicat de semne diacritice şi convenţii arbitrare, este extrem de neestetic. Spre deosebire de coreeană sau japoneză, sau de limba khmer din Cambodgia, care sunt limbi izolate, polisilabice, lipsite de tonuri, vietnameza este o limbă izolantă, tonală şi analitică, precum chineza, şi impresia la învăţarea limbii este că alfabetul latin atât de îngreunat de diacritice face vietnameza şi mai greu de învăţat decât dacă s-ar fi continuat scrierea ei în ideograme chineze adaptate şi modificate, aşa cum a ales să facă japoneza.

Sigur, înlocuirea unui sistem de scriere printr-un altul poate stârni rezistenţă, poate crea traumatisme şi rupturi culturale (cum vom vedea şi din exemple româneşti). Un asemenea traumatism a fost provocat de brutalitatea cu care Atatürk a impus înlocuirea alfabetului arab (îmbogăţit cu convenţii persane) folosit în Imperiul Otoman prin scrierea cu litere latine, completate prin câteva convenţii foarte simple.

Iniţiativa lui Atatürk şi a republicanilor laici turci s-a dovedit un exemplu fericit şi reuşit al unei asemenea tranziţii. În schimb, înlocuirea alfabetului, combinată cu o „re-turcizare" forţată a limbii şi curăţarea prin presiuni administrative a vocabularului turc de arabisme şi iranisme au făcut că o majoritate strivitoare a turcilor de astăzi ar fi incapabili să descifreze un text otoman fie şi din anul 1918.

### Chirilice, latine sau arabe? Sistemul de scriere e deseori un act politic

În romanul său autobiografic *Grădina de sticlă* (Cartier, Chişinău, 2018), scriitoarea din Republica Moldova Tatiana Ţîbuleac descrie foarte tulburător senzaţia ei ciudată când, la şcoală în adolescenţă în Chişinău, citeşte prima oară un text în română cu alfabet latin (până atunci citise şi scrisese doar în chirilice). Are deodată o senzaţie stranie de ceva familiar, dar în acelaşi timp exotic şi străin.

În acea scenă din roman, profesorul scrie pe tablă „mama" cu litere latine, iar copiii citesc „tata", obişnuiţi cu forma lui -т- în chirilice, când este găsit în litere italice în cărţi, sau când e scris de mână: тата = *mama*.

## Determină oare alfabetul o limbă?

Independenţa Republicii Moldova, în urmă cu trei decenii, a adus cu sine, ca un prim element exterior vizibil, cultural şi simbolic, revenirea la alfabetul latin, iar deceniile în care s-a scris în chirilice permit retrospectiv o serie de reflecţii, începute mai sus, despre raportul dintre scriere şi limbă.

Am spus: o cultură complexă se poate obişnui cu un alfabet în aparenţă total neadecvat limbii. O arată complexitatea uriaşă a scrierii japoneze, care a trebuit să adapteze scrierea chineză, deja nesfârşit de greoaie, unei limbi, japoneza, care nu are absolut nimic în comun cu chineza. De la o limbă tonală, monosilabică (chineza), scrierea a trebuit adaptată unei limbi polisilabice şi lipsită de tonuri (japoneza).

Probleme de o cu totul altă natură vedem şi în scrierea tibetană, unde s-a adaptat artificial un sistem de scriere al unei limbi flexionare şi sintetice – sanscrita – către tibetană, care este o limbă monosilabică, precum chineza, dar care a evoluat atât de mult fonetic de la adoptarea scrierii încoace, încât deseori nu există în aparenţă nici o legătură între scrierea cu litere derivate din sistemele indiene şi structura sonoră a cuvântului tibetan.

Sau un alt exemplu, pe care tocmai l-am amintit: cel al limbii turce, care vreme de multe secole s-a scris în alfabet arab, alfabet cu totul nepotrivit pentru structura fonetică a limbii, cu armonia sa vocalică inflexibilă și bogată, în vreme ce scrierea arabă nu permite decât indicarea a trei vocale simple.

Sigur, româna s-a scris vreme de secole în alfabet slavon, însă convențiile cărturarilor nu aveau nimic de-a face cu cele impuse în timpul regimului sovietic. Acolo unde, pe la 1521, Neacșu de la Câmpulung a trebuit să improvizeze, scriind pur și simplu fonetic, așa cum auzea el, sau cum pronunța singur cu voce tare în vreme ce își scria căznit răvașul, româna în chirilice din Moldova de până în 1989 (când RSSM a trecut la alfabetul latin) nu a făcut decât să imite convențiile românei scrise în litere latine, păstrând cratimele, liniuțele de despărțire între particulele gramaticale, lucruri ce fuseseră complet inexistente în scrierea veche slavonă a românei.

Româna din Moldova în chirilice nu făcuse de fapt decât să înlocuiască literele latine cu cele corespondente slavone, păstrând toate celelalte convenții ortografice.

## Cum alfabetul ales politic poate fi uneori nepotrivit limbii

Dar alfabetul ales politic poate fi uneori din start total nepotrivit limbii.

Să luăm cazul Kazahstanului, care a decis recent să treacă la alfabetul latin de la cel chirilic, singura republică turcofonă ex-sovietică unde încă se mai folosește alfabetul chirilic rămânând acum Kirghizia (Tadjikistanul, unde se scrie tot cu chirilice, este persanofon, vorbind farsi, o iraniană scrisă în chirilice).

Ca şi în cazul deciziei Academiei Române care ne recomandă nouă scrierea cu *â din a* şi convenţiile interbelice, trecerile acestea de la un alfabet la altul sunt la fel de politizate astăzi pe cât a fost de politică decizia lui Stalin de a impune alfabetul chirilic peste tot în afară de Georgia, Armenia (cu sisteme de scriere vechi, cu o estetică aparte) şi cele trei ţări baltice (alfabet latin).

Iniţial, până prin anii 1930, URSS a impus tuturor acestor popoare musulmane din Asia Centrală şi din Caucaz alfabetul latin, pentru a le forţa să renunţe (în puţinele locuri în care se scria pe atunci) la alfabetul arab şi pentru a sparge unitatea lumii islamice, în special a celei turcofone central-asiatice.

Invers, China a încurajat întotdeauna, până azi, a impus chiar, minorităţii turcofone, musulmane, uigur din Xin Jiang (Turkestanul chinez) scrierea în alfabet arab, pentru a-i îndepărta pe uiguri de verii lor din Kazahstanul şi Kirghizia sovietice. Echivalentul a ceea ce a făcut URSS-ul lui Stalin impunând scrierea în chirilice tadjicilor, deşi tadjika este exact aceeaşi limbă cu persana (farsi) din Iran şi cu *dari* din Afganistan, acestea scriindu-se în alfabet arab.

Acum, dincolo de paradoxul politic şi de abuzurile istorice, alfabetul latin sau cel chirilic sunt într-adevăr infinit mai adecvate structurii fonetice şi sintactice a limbilor turcice decât cel arab. Vocalismul bogat şi armonia vocalică ale limbilor turcice (ca să nu mai vorbim de ale celor caucaziene) fac ca scrierea în arabă să fie aproape imposibil de citit pentru cine nu posedă solide studii de lingvistică şi istorie. Artificii greoaie, deseori total diferite de la un scrib la altul, pentru a reda sau sugera vocalele şi armonia lor în interiorul morfemelor cuvântului au făcut ca trecerea cu forţa la alfabetul latin impusă de Atatürk să fie pentru turci un real progres cultural. La fel a fost şi în URSS, cu multe dintre popoarele Asiei Centrale sau din Caucaz, oricât de incomod ar fi astăzi acest adevăr: un real progres.

La sovietici, situaţia a fost însă mult mai complicată: după perioada de trecere obligatorie la alfabetul latin, care a durat un deceniu şi jumătate, până în anii 1930, a urmat impunerea obligatorie a celui chirilic. În multe cazuri, regulile de fonetizare în chirilice au fost special croite pentru a face ca limbi foarte apropiate să pară şi mai distincte în scris: cercheza şi kabarda, de pildă (limbi caucaziene de nord-vest), sau balkara şi karaceai (limbi turcice din Caucaz), pentru a căror transcriere au fost adoptate în chirilice reguli atât de distincte, deseori forţat, încât să le facă să pară foarte diferite pe hârtie.

Iar în cazul unor limbi care nu fuseseră practic niciodată scrise până în sec. XX, precum cecena şi avara (şi toate limbile din Daghestan), limbi caucaziene de nord-est, lingviştii sovietici au creat sisteme de scriere în chirilice de la zero. Uneori cu mult succes.

Peisajul lingvistic al ruinelor URSS este aşadar extrem de complex, iar manevrele şi capriciile politice ale dictatorilor de după căderea comunismului, precum clanul Aliev în Azerbaidjan sau Nazarbaev în Kazahstan, au complicat şi mai mult situaţia. Pentru că, acolo unde lingviştii vicleni ai lui Stalin născoceau convenţii distincte în chirilice pentru a face aceste limbi să pară cât mai diferite, trecerea haotică de azi, necoordonată, de la chirilice la alfabet latin în ţările central-asiatice a creat distincţii şi semne diacritice în scrierea latină la fel de absurde, de la o ţară la alta, pe cât erau convenţiile sovietice în chirilice.

Departe de a se apropia de modelul turc din Turcia, aceste limbi aleg uneori reguli de transcriere la fel de opuse şi contradictorii cum sunt de pildă, mai aproape de noi, faptul că în polonă grupul grafic *sz* redă sunetul *ş*, iar *s* e simplu: *s*, pe când în maghiară este exact invers (*sz* = *s*, iar *s* = *ş*). Sigur, aici avem limbi din familii distincte, polona şi maghiara nu sunt înrudite, deşi vecine, dar în cazul limbilor turcice central-asiatice trecerea la alfabetul latin nu schimbă nimic din haosul creat odinioară dinadins în chirilice. Uneori chiar complică.

Şi, în unele cazuri, trecerea de la alfabetul chirilic la alfabetul latin este chiar total nerecomandată. De pildă, alfabetul chirilic creat pentru limba cecenă de către eternii duşmani ai caucazienilor care sunt ruşii este atât de bine gândit, atât de frumos şi elegant adaptat limbii prin jocul cu semnul moale ь şi cel tare ъ şi prin adăugarea unui singur semn suplimentar, I majuscul latin, fără nici un fel de diacritice, încât, în ciuda aversiunii lor pentru Rusia, până şi ultranaţionaliştii ceceni şi islamiştii din rezistenţa armată continuă să scrie în chirilice. Încercările autorităţilor succesive din Cecenia de a trece la alfabetul latin au fost un dezastru. Pentru a reda în scriere latină extrem de bogatul fonetism al limbii cecene trebuiau folosite atât de multe diacritice şi convenţii greoaie, încât un text cecen în alfabet latin aduce cu unul vietnamez, încărcat de virguliţe, căciuliţe, puncte şi bare. Aşa că s-a rămas la chirilice, din pragmatism.

Asta pentru a spune că un sistem de scriere e foarte adesea un act politic ce nu ţine neapărat seama de logică sau de înlesnirea folosirii. Am văzut-o şi în România, spuneam, cu reforma impusă de Academie.

## „Alφabetyl de tranziţie"

Să mai spunem că, în momentul trecerii lente de la alfabetul slavon la cel latin, biserica ortodoxă română, de tendinţă pravoslavnică, s-a opus sistematic şi cu îndârjire reformei. Atunci când Ion Heliade Rădulescu şi-a publicat *Gramatica românească*, mitropolitul Grigore, care era şi preşedinte al Eforiei şcolilor, blestema astfel: „Cine sunteţi voi să cutezaţi a strica limba românească şi a vă atinge de legea şi de credinţa pravoslavnică? Ce sunt eresurile acestea? [...] Unde mai e Alfa şi Omega, dacă voi, nelegiuiţilor, aţi lepădat pe *omega*? S-a dus şi legea, şi credinţa de când s-au dus acele vremi pe când nişte oameni ca d-alde voi era arşi de vii. Surghiun am să vă fac pe toţi câţi aţi ieşit din acel cuib al dracului" (citat în Ştefan Cazimir, *Alφabetyl de tranziţie*, Cartea Românească, Bucureşti, 1986, pp. 93–94, reed. Humanitas, Bucureşti, 2006, p. 93).

„*Alfa şi Omega*" din imprecaţiile mitropolitului, prima şi ultima literă ale alfabetelor grec, dar şi vechi slav (A şi Ω, mici: α şi ω), se referă, desigur, la fraza din Apocalipsă: „Eu sunt Alfa şi Omega, Cel dintâi şi Cel de pe urmă, Începutul şi Sfârşitul."

Bunul mitropolit nu se gândea, cum se vede, că ceilalţi creştini, care foloseau alfabetul latin dintotdeauna, îşi trăiseră credinţa fără pilda cu Alfa şi Omega, încă de la traducerea Bibliei în latină de către Sfântul Ieronim în sec. al IV-lea.

## Cum transcriem numele şi cuvintele din rusă

Englezirea leneşă şi slugarnică a făcut că deseori domnii şi doamnele care lucrează în presa de limbă română ajung să preia, din ştiri în engleză, nume slave prin care apar câte un *y* sau grupul de consoane *-ch-* pentru a reda *-ce-* sau *-ci-*.

Am văzut cu toţii ştiri în limba română despre preşedintele Ucrainei Volodimir Zelensky!... Unii s-au obişnuit să scrie aşa. În realitate, nu poate fi Zelensky, desigur, sau Zelinsky, cum am văzut la cineva, „persoană publică" de altfel, care scrisese aşa probabil sub influenţa amintirii numelui de familie al şefului legionar Zelea Codreanu: Zelinski.

Aşa încât: o primă regulă absolută şi fără excepţii este că în transcrierile numelor din alfabete slave nu folosim *y*. De fapt, nu folosim niciodată următoarele litere: *q*, *x*, *y* şi *w*.

Transcriind aşadar din limbile slave, respectăm cu stricteţe criteriul grafic, iar nu pe cel al pronunţiei. Regulile sunt precise, iar nu după fantezia fiecăruia. Astfel, *g-* înainte de vocalele deschise *-e* şi *-i* va fi întotdeauna redat în română *ghe-* şi *ghi-*. Am văzut, de pildă, în presa românească numele viceministrului rus de externe redat ca „Sergei Verchinin"! Evident că este greşit, până şi un elev de liceu ar trebui să ştie că în româneşte nu poate fi Sergei, ci doar Serghei. Sergei sau Sergey transcriu englezii, deoarece ei transpun Сергей literă cu literă. Scriem, aşadar, Serghei Verşinin (iar nu Vershinin, niciodată nu folosim *ch-* şi *sh* pentru rusă).

– O primă regulă la transcrierea numelor din rusă este aşadar că e strict interzis să folosim în română *y*. Niciodată Tolstoy sau Dostoyevsky. Y este grecesc, de aceea îi spune „y grec", şi nu are ce căuta la transcrieri din rusă pe limba noastră, unde folosim doar *-i*: Dostoievski.

– Dar englezii şi americanii mai folosesc *y* şi când transcriu din rusă ы (*î*): Solzhenitsyn = Soljeniţîn. Aşa că, atunci când te confrunţi cu transcrierea în engleză a unui nume rusesc, trebuie să ştii că *y* poate reda, în engleză, atât semivocala *i* (cea care în germană, de pildă, este *-j-*), cât şi vocala închisă *-î*.

– Numele lui Ельцин, de pildă, este transcris doar parţial corect în mai toate limbile. E transcris hibrid. În engleză este Yeltsin, pentru că *e-* iniţial în rusă se pronunţă automat [ie-]. Prima parte a numelui este transcrisă fonetic. Dar dacă se dorea un fonetism total ar fi trebuit să fie: Yeltsyn, pentru că în rusă *i* după *ţ* este automat *î*, cum avem corect în română: El-ţîn. În schimb, în română, prima parte a numelui e doar transcrisă literă cu literă, pentru că fonetic complet ar fi trebuit să fie: Ielţîn (cum se şi pronunţă, de altfel).

– Pentru că am vorbit atâta despre *-î*, iată încă o remarcă: este strict interzisă, la transcrierea din chirilice, folosirea lui *â* (*î* din *a*). Această literă aberantă, inutilă, inventată de noi doar pentru a face cuvintele de origine latină să se apropie grafic de forma lor din acea limbă („pâine", „câine", „România") nu are ce căuta într-o transcriere fonetică, în care fiecare literă trebuie să corespundă unui sunet şi invers. Nu vom transcrie aşadar (o monstruozitate grafică!) Kârgâzstan, ci Kîrgîzstan (sau, şi mai bine, rămânem la tradiţionalul Kirghizia). Ar trebui să intre în reflex evitarea totală a lui *â* în transcrierile din rusă. E cu totul absurd să scriem Elţân sau Soljeniţân. Este voie doar: Elţîn (pentru că aşa s-a impus, în loc de Ielţîn) şi Soljeniţîn. Niciodată *â* în nume ruseşti, ci doar *î*.

– În treacăt fie spus, vedem şi că *-zh-* e doar redarea grafică în engleză a lui *-j-*. Avertisment pentru tinerii jurnalişti care ar fi tentaţi să preia din engleză *tels quels* numele Brezhnev sau Zhdanov, în loc să le transcrie româneşte Brejnev şi Jdanov. Solzhenitsyn = Soljeniţîn.

– Într-atât de interzis trebuie să fie *-â-* (*î* din *a*) în transcrierile fonetice din rusă, încât până şi în transcrierea unor referinţe bibliografice (titluri de cărţi) vom transcrie doar cu *-î*. De pildă, o carte cu titlul „Румынский язык“ va fi într-o bibliografie: „Rumînskiĭ ĭazîk“, iar nu: „Rumânskiĭ ĭazâk“. Atât în румынский, cât şi în язык avem acelaşi ы/*î*, aşa încât: „Rumînskiĭ ĭazîk“.

– Şi apropo de terminaţia adjectivală -ий, corect *-ii*, sau şi mai fonetic *-iĭ*, ca în *rumînskiĭ*, în numele proprii o ignorăm şi de obicei o transcriem simplu: *-i*. De aceea Достоевский şi Горький sunt Dostoievski şi Gorki, iar nu Dostoievskii şi Gor'kii (şi de asemenea ignorăm întotdeauna în transcrierea numelor semnele moale şi tare: ь şi ъ).

– Desigur, *-ch-* şi *-sh-* nu pot exista la transcrierea din rusă, ci trebuie găsite *ce-*, *ci-* şi *şe-*, *şa-*, *şi-* corespunzătoare. Chekhov e Cehov, desigur, aşa cum Khrushchev (sau în franceză Khrouchtchev) este Hruşciov.

– *Kh-* pe care îl vedem peste tot în engleză din rusă e simplu: *h*. Din nou, Chekhov e Cehov, aşa cum Khrushchev este Hruşciov.

– Acesta din urmă pune problema suplimentară a lui *-ë-* (*-io-*). Numele fostului lider sovietic Хрущëв se scrie corect cu *-ë-* (*-io-*), doar că punctele de pe *-ë-* nu sunt obligatorii, fiind una din bizareriile ortografiei ruse. Numele poate fi aşadar scris şi Хрущев, de unde în engleză: Khrushchev. Fiind mai aproape de cultura rusă, noi trebuie să ştim însă unde sunt acele puncte, aşa că transcriem, mai corect decât englezii, Hruşciov, iar nu Hruşcev (sau, doamne fereşte, Khruşchev sau altă monstruozitate).

– În sfârşit, există o excepţie la puţinele reguli de mai sus: atunci când un scriitor sau un politician rus important, sau orice altă personalitate a emigrat şi a devenit celebru după ce a ales singur să-şi scrie numele într-un anume fel, vom respecta dorinţa lui şi îi vom scrie numele exact aşa cum a ales el să-l scrie. Aşa sunt, de pildă, scriitorul franco-rus Vladimir Volkoff (Волков), cu *-ff*, sau marele lingvist Nikolai Trubetzkoy (Николай Трубецкой), inventatorul fonologiei, care în mod paradoxal a ales să-şi scrie numele nerespectând regulile ştiinţei pe care o preda.

## Sârbă şi bulgară

Cât despre sârbă, acolo munca de transcriere e înlesnită de aceea că alfabetele sârb (chirilice) şi croat (latine) au fost concepute astfel încât să-şi corespundă exact, aşa încât pentru orice nume sârb avem doar să căutăm varianta croată. Astfel: Александар Вучић = Aleksandar Vučić.

Excepţie fac numele sârbeşti intrate în istorie, fie şi în istoria recentă. Astfel, pe Милошевић îl putem transcrie fie Milošević, fie cu fonetica românească: Miloşevici.

La transcrierea din bulgară, regulile sunt similare, cu diferenţa că în bulgară Щ, щ este *şt-*, iar nu *şci-* ca în rusă. Aşadar: поща = poşta. Cealaltă diferenţă majoră faţă de rusă este că în bulgară ъ reprezintă vocala *ă*: къща = *kăşta* = casa.

Primul monument scris al limbii române, scrisoarea lui Neacşu de la Câmpulung (1521), e de altfel un text scris cu convenţii bulgăreşti, de aceea avem, chiar de la început: Ипак дау щире, „Ipak dau ştire“, unde *ştire* (щире) este scris cu *щ* pentru *şt-*.

## *„Ipak dau ştire“*... După jumătate de mileniu, Neacşu de la Câmpulung

Am fost deseori întrebat cum se face că scriem astăzi *che-* şi *chi-* şi nu folosim *ke-* şi *ki-*. La urma urmei, alfabetul romanilor poseda litera *k*, ea chiar este latinească, ba se şi folosea obligatoriu în anumite cuvinte, precum *kalendae*. Da, ca în expresia *ad kalendas graecas*, „la calendele greceşti", adică „niciodată", pentru că grecii nu aveau *calende*, sau *kalende*, acele zile ale lunii de la care se socoteau datele romanilor, mergând înapoi cu numărătoarea.

De acolo avem cuvântul *calendar*, de la *kalendarium*, registrul, iar romanii îl scriau cu *k*, pentru că aşa moşteniseră regulile scrierii de la predecesorii lor, etruscii. Nimic n-ar fi împiedicat, aşadar, ca limbile latine să folosească acea literă şi altfel decât în împrumuturi savante sau recente precum *kilogram*, *kilometru* şi *kaki*.

## Scrisoarea lui Neacşu din Câmpulung

Aşa revenim la scrierea veche a românei cu litere slavone şi la primul document atestat care este *Scrisoarea lui Neacşu din Câmpulung* (scrisă în litere slavoneşti, în 1521, deşi Neacşu ar fi putut foarte bine folosi literele greceşti).

Înainte de a studia felul în care Neacşu s-a înfruntat cu transpunerea în scris a limbii pe care o vorbea, merită reamintită cartea pomenită mai sus, care a tratat erudit şi ludic despre chestiunea trecerii, în sec. al XIX-lea, a limbii române de la alfabetul chirilic la cel latin: cartea lui Ştefan Cazimir, *Alfabetul de tranziţie* (1986, reed. 2006).

Neverosimilul amestec de grafeme şi neologisme care devenise în acea perioadă de tranziţie limba română, atât cea scrisă, cât şi cea vorbită, s-a lovit de rezistenţă la mulţi. Astfel, unii n-au vrut niciodată să treacă la *x*, literă cu aspect clinic. Aşa a fost Alecsandri, care şi-a ortografiat numele în litere latine cum era scris şi în litere slavone, *cu k* şi *s*: Alecsandri. Nu-l oprea nimeni să-şi transcrie numele în ortografia nouă cu *x*. Dar Alecsandri n-a vrut, nu s-a fandosit grafic precum Negruţi (Negruzzi), care a mers până la a-şi italieniza numele cu *-zz-*.

Iar unul ca Vasile Pogor, cel în conacul căruia, pe dealul Copoului, se organizau în Iaşi serile Junimea, era chiar cu totul împotriva scrierii cu litere latine. La fel era şi ierarhia bisericii ortodoxe.

## Problema lui *e-* iniţial

Să revenim la *Scrisoarea lui Neacşu din Câmpulung*. Ea a fost până acum tradiţional transcrisă literă cu literă, ceea ce nu permite nespecialistului să-şi facă o idee despre autentica pronunţie. Limba este altminteri („*aimintrea nu e*", cum spune textul, cu „aimintrea" din latină, de comparat cu fr. *autrement* şi it. *altramente*) foarte curată, romană, neolatină, cu foarte puţine împrumuturi. În afară de formulele de introducere şi încheiere, care sunt în slavonă, singurele cuvinte ne-latine sunt: „a se păzi", „slobozie" (libertate, mână liberă), „corăbii" şi „oraş".

Transcrierea simplă din slavonă, literă cu literă, dă aşadar azi o idee greşită despre autentica pronunţie. Un exemplu: „ieşit" scris „eşit" în „*împăratul au* eşit *din Sofiia*". Cuvântul era însă pronunţat „ieşit", exact ca astăzi. Doar că româna se scria folosind normele slavei de sud, în special cele din bulgara veche, aşa încât diftongul *ie-* la iniţială era scris *e-*, precum în bulgară (sau în rusă, de altfel).

Astfel, în bulgară, pentru a da un exemplu, numeralul „unu" (1) e scris един, dar pronunţia este [iedin]. La fel, în rusă, în poziţie iniţială *e-* nu e niciodată vocala simplă *e*, ci doar diftongul *ie-*. Se scrie Ельцин, dar pronunţia e

[Ielţîn], cu *ie-*, şi în nici un caz cu *e-*, cum greşit s-a hotărât în română (cum am mai spus, transcrierea Elţîn este de fapt greşită, corect ar fi fost doar Ielţîn).

De la această convenţie slavonă unde *ie-* iniţial se scrie *e-* au rămas grafiile de nume Eremia sau Epure, care se pronunţau firesc Ieremia şi Iepure etc.

De aceea, deşi în scrisoarea lui Neacşu găsim scris în chirilice că sultanul a „eşit" din Sofia, Neacşu scria de fapt, cu convenţiile grafice ale bulgarei, că sultanul a „IEşit", cu *ie-*, ca astăzi, şi „ieşit" în mod sigur şi pronunţa el.

A preferat să scrie cu litere slavoneşti mai degrabă decât greceşti şi pentru că alfabetul grecesc nu i-ar fi permis să scrie *ă*-urile şi *î*-urile şi *ş*-urile şi toate *ce*-urile şi *ci*-urile şi multe altele pentru care româna avea să adopte unele reguli ortografice din italiană.

Dacă am revedea aşadar textele cunoscând bine convenţiile slavonei (de pildă folosirea lui ъ pentru *ă*, însă ъ transcris înşelător şi prin acel derutant *-ŭ* final al substantivelor masculine, care de fapt nu se pronunţa niciodată), textele ar părea deodată scrise într-un grai mai omenesc, familiar nouă, mai apropiat de cel de azi, şi asta ne-ar învăţa să înţelegem mai bine evoluţia limbii.

## Creştinii orientali şi-au creat sisteme de scriere proprii (nu însă şi românii)

Am scris mai sus despre cum nu alfabetul determină o limbă: sistemul de scriere se poate uneori datora unor simple accidente politice sau culturale. Am dat exemplul sârbei şi croatei, limbi care în varianta lor oficială sunt aproape identice, se scriu în chirilice (sârba) şi, respectiv, în litere latine (croata) doar pentru că sârbii sunt ortodocşi, iar croaţii – catolici. Cele două alfabete însă, care sunt strict fonetice, au fost concepute astfel de lingvişti în sec. al XIX-lea pentru a-şi corespunde perfect, literă cu literă, aşa încât un cuvânt sau un nume scris într-una din variantele grafice, Vučić, de pildă, ca în exemplul dat anterior, să poată fi transcris automat, exact şi fără risc de greşeală în cealaltă scriere: Вучић.

De altfel, există ziare sârbeşti, precum *Politika*, de la Belgrad, care vreme de decenii, chiar şi în timpul războiului cu Croaţia, au scris şi publicat folosind alternativ o pagină într-unul din alfabete, iar următoarea în celălalt, deseori în cadrul aceluiaşi articol, cititorii foarte adesea neremarcând măcar că au trecut de la o scriere la alta, într-atât cele două îşi corespund perfect, literă cu literă, şi au aceleaşi convenţii de punctuaţie.

Se poate spune că acelaşi lucru l-au făcut şi sovieticii când au impus în Basarabia, devenită RSSM, alfabetul chirilic. Noua convenţie sovietică n-a făcut decât să imite convenţiile românei în litere latine, păstrând cratimele, liniuţele de despărţire între particulele gramaticale, lucruri ce nu existaseră în scrierea veche slavonă a românei, înainte de sec. al XIX-lea.

Pentru a reveni însă la scrisoarea lui Neacşu de la Câmpulung, aceasta oferă nişte exemple interesante de dificultăţi (previzibile de altfel) pe care le întâmpină cineva când caută să adapteze un alfabet deja existent unei limbi care nu mai fusese scrisă.

Avem un exemplu anterior la fel de interesant: Biblia goţilor, tradusă în acea limbă germanică astăzi dispărută de episcopul lor Wulfila, care a adaptat pentru asta alfabetul grec la limba lui. Wulfila era însă un om cu un real talent lingvistic, textul lui este impecabil, iar convențiile grafice, extrem de uniforme şi regulate. Ezitările ortografiei lui Neacşu şi erorile lui (care ne pot revela pronunția reală) sunt însă tot atât de instructive.

Românii sunt de altfel singurul popor al bisericii răsăritene care nu şi-a creat o scriere proprie pentru a traduce textele sacre. Toţi ceilalţi au făcut-o, de aceea avem atât de multe alfabete răsăritene, pe lângă cel grec: armean, copt, georgian, siriac, slav... ba chiar şi gotic, căci episcopul got Wulfila, cum tocmai am spus, a creat o scriere specială pentru traducerea sa a Bibliei în gotică, pe când triburile lui trăiau prin Balcani, prin Bărăgan şi în Deltă, în România de azi.

O caracteristică importantă a acestor sisteme de scriere create de popoarele care, creştinate şi vorbind limbi diferite, au trebuit să traducă Biblia pe limba lor este faptul că mai toate aceste alfabete arată o fină cunoaştere a foneticii.

Am mai dat exemple despre cât de inadecvat era alfabetul pe care îl numim „latin" (moştenit de romani de la etrusci). În primul rând, nu nota lungimea vocalelor, esenţială în flexiunea gramaticală. Pentru a reveni la exemplul mecanic cu *rosa–rosae–rosam–rosa* etc., diferenţa între *rosa* la nominativ şi *rosā* de la cazul ablativ este una foarte importantă, de lungime a vocalei. Romanii pronunţau aşadar *sub rosā* („sub trandafir", sau ca în expresia metaforică a unei confidenţe făcute *sub rosa*), cu un *-ā* final lung. Ştim asta nu doar din descrierile de atunci ale foneticii limbii, ci şi pentru că avem urme epigrafice care arată că lungimea lui *-ā* final la cazul ablativ venea de la căderea unei consoane dentale finale *-d* şi că iniţial acolo fusese **rosad*, dar căderea lui *-d* lungise vocala iniţială.

Adaptarea alfabetului moştenit de la latini la diversele limbi ale Europei s-a făcut haotic şi accidental, de-a lungul secolelor, practic fiecare cultură europeană și fiecare limbă care trecea la civilizația scrisului (balticii, de pildă, foarte târziu) au trebuit să-și creeze semne diacritice și combinații de litere. Am mai vorbit (și în *Dacopatia*, ed. a 2-a, pp. 461–462) despre cum clișeul potrivit căruia româna s-ar scrie „fonetic“ e o iluzie. În schimb, poate părea surprinzător că atâtea alfabete create aparent din neant pentru a reda limbi care nu mai fuseseră puse niciodată în scris fac dovada unor foarte avansate reflecții asupra foneticii limbilor în cauză.

Un exemplu grăitor îl oferă alfabetul armean și cel georgian. Ambele atribuite miticului teolog Mesrop, ele sunt ceea ce se apropie cel mai mult de o scriere perfect fonetică, în care fiecare sunet e redat printr-o literă precisă, fără excepții.

Faptul că cele două alfabete sunt total diferite, deși fonetica limbilor armeană și georgiană este similară, face improbabilă ipoteza ca ambele sisteme de scriere să fi fost inventate de aceeași persoană. Armeana și georgiana nu sunt limbi înrudite, armeana fiind o limbă indo-europeană, în vreme ce georgiana e principala limbă atestată istoric a familiei limbilor sud-caucaziene, însă fonetica lor a devenit foarte similară, prin contact, fenomen areal atestat și în alte zone cu o mare diversitate lingvistică pe care le-am menționat, precum Balcanii sau subcontinentul indian. Limbile caucaziene, chiar neînrudite între ele, posedă cu toatele aproximativ același inventar consonantic, în special consoane numite „glotale“ sau „ejective“, produse prin închiderea glotei. Cele două alfabete menționate, cel armean și cel georgian, disting cu foarte mare grijă consoanele glotale de seriile cunoscute nouă (surde, sonore sau aspirate) și posedă semne grafice speciale pentru fiecare din ele.

Dar şi alfabetul chirilic, astfel numit deoarece e atribuit sfinţilor vechi-bulgari Chiril şi Metodiu (deşi aceia par să fi fost mai degrabă creatorii alfabetului numit glagolitic, care l-a precedat pe cel chirilic, înainte să fie abandonat, ca fiind prea greoi), chiar şi alfabetul chirilic aşadar a fost conceput pe o bază fonetică, într-aşa măsură încât, pentru a reveni la exemplul pe care l-am dat deja, cel al sârbo-croatei, sârba are la dispoziţie trei litere perfect distincte, *ц, ч* şi *ћ*, acolo unde croata este obligată să folosească aceeaşi literă latină, îngreunată de diacritice: *c, č* şi *ć*.

## Umpic de fonologie sanscrită

Cel (sau cea) care a scris prima oară în glumă „*umpic*“ pentru *un pic* nu ştia probabil că aplică cele mai stricte principii fonetice şi fonologice (*fonologia*, deosebită de *fonetică*, este ştiinţa inventată de Trubetzkoy, cea a perceperii culturale a sunetelor).

Într-adevăr, dacă, într-o lume paralelă, româna ar fi fost scrisă în alfabetul sanscrit numit devanagari, *un pic* nu s-ar fi scris altfel decât *umpic*, pentru că în realitate aşa îl pronunţăm. *Unpic*, cu *-np-*, e de fapt impronunţabil. Înainte de *p* în grupuri consonantice pronunţăm automat nazala *m*: *umpic*. La fel, înainte de un *t* sau *d* nu putem pronunţa decât *n*. De aceea spunem *undă*, dar *cumpăt*. *Umdă* sau *cunpăt* ar fi imposibile.

Confundăm în general convenţiile grafice cu pronunţia reală. Citeşte numele oraşului Istanbul şi ai să te surprinzi spunând Istambul. Nimeni nu spune IstaNbul.

Grupurile consonantice sunt armonice în toate limbile. De aceea *jdemii* e corect fonetic, dar *ejti* scris în glumă e imposibil de pronunţat şi absurd, căci nu poate fi, fonetic şi fonologic, decât *eşti*. Fraţii *Şderi* nu e firesc. Nu spunem *şder* sau *jtoarfă*, ci *jder* şi *ştoarfă*. Sunt grupuri consonantice pe care ni le impune aparatul fonator.

Minunatele alfabete indiene (cu toatele sunt vreo două duzini), dintre care cel mai folosit este *devanagari*, în care se scriu şi azi hindi şi nepali şi alte limbi locale, aplică reguli strict fonologice.

Mai mult, acel *m* din *umpic* nici nu ar fi scris, de fapt, pentru că el nu este altceva decât nazalizarea lui *u*: diferenţa între *upic* şi *ůpic* fiind aceea că în *ůpic* *u*-ul este nazal. *Unde* ar fi fost astfel scris, în sanscrită, *ůde*.

Pentru indienii antici, în *ůpic* (umpic) şi în *ůde* (unde) avem de fapt acelaşi fonem nazal: vocala *ů*. Vorbitorii îl colorează însă sonor labial (cu buzele) în *ůpic* (*umpic* = un pic) şi dental (cu limba atingând dinţii) în *ůde* (*unde*).

Unele limbi au ales chiar convenţii grafice în care vocala iniţială nici măcar nu figurează grafic. Albaneza, de pildă, nu reprezintă niciodată un *î* nazal iniţial. Latinescul *imperator*, pe care româna îl scrie *împărat* (fonetic şi fonologic [îpərat], cu un *ĩ* nazal), e scris în albaneză *mbret*... dar pronunţat [ĩmbret], cu aceeaşi vocală nazală *ĩ* ca în română.

La fel, macedoneana şi sârba scriu *vrv* şi *trg* cuvintele pe care noi le-am împrumutat de la ei şi le pronunţăm exact la fel, dar le scriem *vîrf* şi *tîrg* (sau *vârf* şi *târg* în stupidele noi convenţii de după 1989). Limbile slave au considerat că redarea grafică a acelui *î* scurt e inutilă, pentru că un cuvânt ca *smrt* ([smîrt] = moarte) ar fi impronunţabil fără mica vocală *î* închisă dintre *m* şi *r*. Dar pentru vorbitorii acelor limbi e inutil să scriem acel *î*.

După ce li se spune, de mai bine de un secol, că limba lor se scrie fonetic, românii nu-şi mai dau seama că scriu folosind nişte convenţii extrem de artificiale.

De pildă: *îşi*... În *îşi* avem doar două sunete: vocala *î* şi un *ş* moale, palatal (care nu este identic cu fonemul *ş* dur din *şatră*). La fel în *îţi*, nu avem acolo trei sunete, ci doar două: vocala *î* şi un *ţ* moale, palatal, care e cel din *ţii*. În *ţii*, avem de asemenea doar două sunete: un *ţ* moale, palatal (care nu este identic cu fonemul *ţ* dur din *ţară*) şi un *i* lung: *ţ'ī*.

De aici confuzia grafică în româna scrisă între forme verbale atât de diferite precum *ieşi* (imperativul monosilabic = *go out!*) şi *ieşi* (bi-silabic, *ie-şì* = *he went out*).

Singura altă limbă care foloseşte o convenţie grafică similară cu a românei şi la fel de imperfectă este irlandeza, limbă celtică.

Vorbitorii de irlandeză, călugării aceia copişti care ne-au păstrat manuscrisele latine în Evul Mediu, au decis să reproducă consoanele lor palatale tot alăturându-le grafic un *i*, ca în română, numai că irlandeza îl pune în general înaintea consoanei moi, pe când româna îl pune după. Astfel, *carne* în irlandeză se spune, fonetic, [fʲoːlʲ], scris *feoil*, care sună ca românescul *fiori* (pluralul de la *fior*). Diferenţa, în română, între *fior* şi *fiori* e doar înmuierea lui *r*. Avem acolo două sunete diferite. La singular e un *r* dur. La plural e un *r*' moale. În scris, diferenţa e redată printr-un *i* inexistent fonetic.

La fel, irlandeza scrie *feoil* pentru [fʲoːlʲ], carne, dar genitivul e scris *feola*, pronunţat [fʲoːl] cu *l* dur. *A* este scris acolo după *l* doar ca să indice că avem un alt fel de *l*; diferit de cel scris *-il* în *feoil*. Exact diferenţa dintre *fiori* şi *fior* în româneşte, însă cu alte convenţii grafice, cu *-i-*, plasat *înaintea* consoanei.

Iată umpic de relativizare a unor convenţii care ni se par prea fireşti.

## Internetul și emoticoanele ca noi „ideograme“

Prin generația care începe să crească fără cărți (dintre cei cu cuvinte puține, dar pătrunși de un sentiment de superioritate), mulți cred că pe rețelele sociale, pe Facebook sau TikTok să spunem, oamenii n-au timp de idei complexe. Totuși, am făcut experiența de a-i scrie cuiva următoarele și bucuria de a descoperi că receptase parte din idee:

🤔🗣0️⃣😕🤐✅

Ei bine, asta, în emoticoane, este celebrul aforism al lui Wittgenstein din *Tractatus logico-philosophicus*: „Dacă nu poți vorbi despre ceva, mai bine taci.“

Mai întâi Wittgenstein și-a scris aforismul în engleză: „Whereof one cannot speak, thereof one must be silent.“

Apoi în germană: „Wovon man nicht sprechen kann, darüber muß man schweigen.“

O teorie a mea este că Wittgenstein a adaptat acolo, de fapt, cu umor fin primul verset din *Tao Te King* al lui Lao Tzu:

道可道非常道. 名可名非常名

Adică: „Tao care e tao nu este tao adevărat. Numele care numește nu e nume adevărat“ (*Dao ke dao fei chang dao, ming ke ming fei chang ming*).

Asta înseamnă de fapt exact ce a spus Wittgenstein în *Tractatus*: „Dacă nu poți vorbi despre ceva, mai bine taci.“ Ideogramele chinezești corespund binișor emoticoanelor, adică fraza în scriere emoji vine ca fraza din chineză:

🤔🗣0️⃣😕🤐✅

Dacă inițiativa mea funcționează, cred că voi primi comenzi pentru redarea în emoji a Bibliei și Coranului.

**Până la urmă: care este cea mai bună metodă pentru a învăța o limbă?**

În final, rămâne întrebarea: care ar fi cea mai bună metodă pentru a învăța o limbă străină?

Oamenii care întreabă asta, ca și cum învățarea unei limbi ar fi cine știe ce performanță, sunt în general monogloți, vorbesc o singură limbă. Altminteri, bilingvismul, sau multilingvismul, a fost întotdeauna o regulă în istoria omenirii. Multilingvismul este și astăzi regula, în regiuni cu populații uriașe numeric, cum ar fi India sau Africa. Cei peste un miliard de indieni (fără a mai socoti Pakistanul și Bangladesh, parte din același continuum care au fost Indiile britanice) sunt în majoritate cel puțin bilingvi, trebuind să știe, pe lângă principalele limbi oficiale care sunt hindi și engleza, limba statului în care locuiesc, apoi a etniei, tribului etc.

Un caz aparte, peste tot pe planetă, sunt muntenii. Situația particulară a Caucazului este de asemenea revelatoare, pentru că se vorbesc acolo atât de multe limbi, încât cei care trăiesc cel mai sus pe munte (bărbații, în special) trebuie să cunoască și limbile satelor și văilor de mai jos, pentru a se descurca atunci când coboară la câmpie, la iarmaroc, să cumpere sau să vândă. În general, cei de la șes sunt monogloți, căci ei nu au nevoie să învețe limbile muntenilor.

Și totuși, multora încă le pare o mare minune și o performanță că poți vorbi mai multe limbi. Dacă nu e văzut cumva chiar ca o tară, un defect, cum se minunează mulţi români din România că moldovenii din Republica Moldova ştiu până şi acum în mod natural ruseşte, de parcă după independenţă ar fi trebuit să lepede limba aceea, să se forţeze să o uite.

Deseori, se produc interferenţe foarte interesante psihologic în capul persoanelor bi- sau multilingve. Astfel, în Cecenia (cecenii au fost întotdeauna, chiar şi în URSS, grupul etnic cu cel mai ridicat procent de stăpânire şi folosire a limbii materne: peste 90%) până şi islamiştii ostili Rusiei şi Occidentului calculează, socotesc şi numără în rusă, folosind numeralele ruseşti, pentru că acelea le vin cel mai natural, deoarece aşa au învăţat la şcoală.

Revenind însă la întrebarea pusă de locuitorii de la câmpie: care e cea mai bună metodă pentru a învăţa o limbă străină? Ei bine, cum am tot repetat, ar trebui în primul rând să se renunţe la obsesia cu accentul „corect", cu pronunţia „exactă". Cu rare excepţii, cum sunt tonurile în chineză sau nazalele în franceză, care ajută la distingerea unor cuvinte altminteri omofone, cu rare excepţii aşadar, accentul şi pronunţia „corectă" sunt irelevante, căci reflectă în general doar felul de a vorbi al locuitorilor capitalei culturale sau politice a acelei limbi. Mase întregi de oameni născuţi în ţara respectivă vorbesc altfel decât în capitală (provensalii în Franţa, de pildă), şi totuşi se fac înţeleşi. Toată lumea are un accent.

Pentru a învăţa o limbă, cum am tot spus-o în această carte, un prim pas ideal ar fi familiarizarea, fie şi superficială, cu tipologia şi cultura dominantă a acelei limbi. Tipologie înseamnă structură, deci tip gramatical. Numărul tipologiilor posibile este foarte redus.

Următorul pas este învăţarea verbelor *a fi* şi *a avea*, pentru a formula fraze simple. De altfel, în multe limbi de mare cultură, precum rusa, turca, araba sau ebraica, aceste verbe, *a fi* și *a avea*, nici nu se folosesc la timpul prezent, ele fiind înlocuite prin felurite turnùri simple.

Și, în sfârșit, ajungând la frazele simple: cultura și vocabularul. Pentru a da un exemplu: atunci când înveți astăzi limba unui popor (majoritar) musulman și a cărui cultură modernă și contemporană s-a croit pe fundamentele Islamului, te vei aștepta, ca vorbitor de română, fie și doar modest cultivat, să cunoști deja o serie de cuvinte, luate de noi din turcă.

Sau, dacă știm un minimum din orice limbă vorbită de musulmani, ne vom aștepta astfel să întâlnim *kitab* pentru „carte“, cuvânt din arabă care a intrat până și în limbile unor popoare de mare cultură și cu o veche istorie a scrisului, precum farsi (persana), hindi, urdu și alte limbi ale Indiei pur și simplu pentru că a ajuns să desemneze *cartea* prin excelență, cartea *per se*, Coranul însuși fiind arhetipul *Cărții*.

Dar ca români știm deja și cuvinte folosite de alți musulmani, chiar dacă sensul la noi a ajuns să fie modificat. „Musafir“, de pildă (v. *Dacopatia*, ed. a 2-a, p. 354).

## Mofluzeală

Putem merge și mai departe: cei care (încă mai) cunosc argoul francez au putut remarca cum termenul *flouze* („bani“ spus vulgar, „mălai“, „lovele“) sună ca partea a doua a românescului „mofluz“.

Bingo! Felicitări, bun simț de observație. Căci la origine este același cuvânt: franțuzescul *flouze* nu e altceva decât arăbescul *flus*, فلوس= bani (cuvânt luat de francezi din Magreb, desigur); iar *mofluz* al nostru vine din turcescul *müflis*, care e arăbescul *mu-flis*, adică: ruinat, intrat în faliment, un om fără *flus*, fără lovele.

Nema, nix. S-a dus *flus*, deci sunt *mofluz*. Când vorbele intră în insolvență...

În final, așadar, pentru a învăța limbi străine ar trebui de fapt să se treacă exact prin același proces ca în cazul învățării unei tehnici de programare informatică: dacă stăpânim structurile de bază: *while, do, repeat, if* etc. etc., ne va veni mai ușor să învățăm alte limbaje de programare. Cu cât știm mai multe, cu atât ni se vor părea toate mai accesibile.

Sunt circa 6.000-7.000 de limbi pe planetă, dar toate se înscriu într-o duzină de tipologii. Acelea trebuie învățate, altfel zis: structurile în care se înscrie obligatoriu orice limbă vorbită de oameni, iar nu lexicul, nu miile de cuvinte. Structura trebuie asimilată, nu cantitatea de vorbe.

...Ca să învățăm o limbă, așadar, nu trebuie să învățăm pe deasupra o masă de cuvinte, ci să înțelegem potrivit cărui principiu sau structură se ordonează ele în frază. După care umplem rubricile goale (*the slots*) cu ce poftim.

## „Veniți să ne facem un oraș și un turn al cărui vârf să ajungă la cer"

Imaginea reprodusă mai jos (inscripția este în latină, ebraică, greacă, arabă, siriacă și aramaică), în finalul acestui scurt periplu prin Babelul limbilor, provine dintr-o carte a omului extraordinar care a fost părintele iezuit Athanasius Kircher, precursor, în sec. al XVII-lea, al mai tuturor științelor moderne, de la studiul limbii chineze până la acustică, optică, tehnicile de spionaj, trecând prin cea mai dezastruoasă tentativă de descifrare a hieroglifelor egiptene.

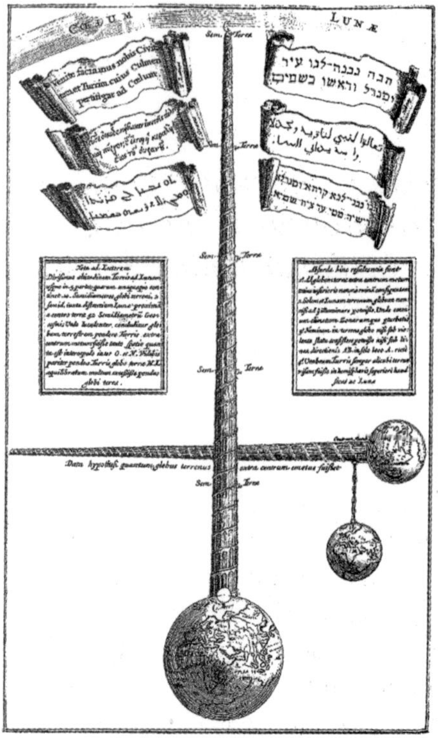




A scris însă şi o carte de un nesfârşit comic involuntar, *Turnul Babel* (*Turris Babel*, Amsterdam, 1679, în latină), unde încearcă să dovedească matematic, arhitectural şi grafic de ce construirea turnului Babel ar fi fost imposibilă şi trebuia oricum abandonată: ei bine, dacă turnul s-ar fi ridicat până la cer, cum vedem în imagine, el ar fi făcut să se răstoarne planeta, nu doar din pricina formei sferice a temeliei, a fundaţiei, ci şi pentru că ar fi fost trântit într-o parte de propria sa greutate.

Iar Dumnezeu ar fi zis atunci, încruntat: „Eu v-am spus. Vedeţi ce se întâmplă când Pământul nu e plat?“...

# *Anexa I. „Gânduri despre problema indo-europeană“: un text fundamental al lui Nikolai Trubetzkoy*

Am tradus aici (din rusă și germană), pentru prima oară în limba română, acest text al lui Nikolai Trubetzkoy, unul dintre cei mai mari lingviști care au trăit vreodată, despre „problema indo-europeană“. Trubetzkoy plasează leagănul limbilor indo-europene undeva în apropierea Caucazului, iar teoria lui coincide cu cea a unui arheolog cum este Colin Renfrew sau cu cea a lingviștilor Gamkrelidze și Ivanov (*cf.* Bibliografia), care optau mai degrabă pentru sudul Caucazului și Anatolia.

Asta exclude cu totul teoria nejustificată lingvistic a plasării leagănului indo-europenilor în nordul Mării Negre și în Ucraina actuală (teoria kurganelor etc.).

Demonstrația lingvistică a lui Trubetzkoy, pe care o completez și comentez, în continuarea textului, în această anexă, este foarte importantă, pentru că ne permite să excludem orice referire la genetică, ba chiar și la înșelătoarea arheologie, atât de des ideologizată. Lingvistica se ocupă de limbi, nu de biologie sau narațiuni istorice.

Prin acest scurt text apărut în 1939, la un an după moartea lui, Trubetzkoy dă un cadru definitiv chestiunii genezei și localizării leagănului indo-europenei. Dacă am avea permanent prezent în minte un asemenea cadru teoretic de lucru nu am cădea în toate capcanele și derivele intelectuale, de la escrocheria din lingvistica contemporană care este teoria absurdă și neștiințifică numită *nostratism* până la introducerea abuzivă a geneticii și biologiei în lingvistică. Nu există gene lingvistice, analizele ADN-ului scheletelor nu ne spun nimic. Oasele nu vorbesc.

Textul lui Trubetzkoy, intitulat „Gânduri despre problema indo-europeană“ (*Gedanken über das Indogermanenproblem*), a apărut așadar imediat după moartea lui, în 1939, în primul volum al publicației lingvistice daneze, astăzi de mult dispărută, *Acta Linguistica*. Textul original, în rusă, păstrat în arhivele lui Roman Jakobson și publicat la Moscova în anii de *glasnost* („Mîsli ob indoevropeiskoi probleme“) în *Izbrannîe trudî po filologii*, ed. T.V. Gamkrelidze, Progress, Moscova, 1987), are câteva mici diferențe de detaliu pe care le-am păstrat, precum și câteva omisiuni. Unele fraze care contraveneau lingvisticii oficiale sovietice fuseseră tăiate, expurgate. Originalul rus va fi totuși punctul de plecare în traducerea de aici, pe care am s-o sprijin, doar acolo unde apar mărunte divergențe, cu textul german mai complet publicat în 1939.

Trubetzkoy (1880–1938) a fost un savant autentic, altfel zis: excepțional de modest. Provenit dintr-o familie de mari prinți, creatorul *fonologiei* a trăit sărăcuț după ce a fugit din Rusia, imediat după lovitura de stat bolșevică din 1917, numită în mod convențional Revoluția rusă. Pierzând totul în emigrație, inclusiv toate manuscrisele, el a predat prin Sofia și Viena și a murit încă tânăr, opera sa, *Principiile fonologiei* (*Grundzüge der Phonologie*), apărând tot postum (ca și cursul lui Ferdinand de Saussure, de altfel).

Trubetzkoy a murit de la un atac de inimă, la Viena, unde preda în 1938, persecutat de naziştii ale căror teorii oficiale despre superioritatea ariană el le contesta (de unde şi tonul în parte polemic al textului pe care îl traduc aici).

Trubetzkoy a fost şi unul dintre fondatorii *structuralismului*, împreună cu Roman Jakobson, tot rus emigrat. (Ca o paranteză, poate părea straniu că o minte atât de limpede ca Trubetzkoy şi un nobil care pierduse totul în fuga din Rusia lui Lenin să fi fost în acelaşi timp unul din fondatorii în emigraţie ai teoriei *eurasianismului*, atât de dragă azi ideologilor Kremlinului precum Dughin.)

Detaliu de terminologie: *Indogermanen* sau *Indo-Germanen* nu sunt altceva decât *Indo-Europeans*, indo-europenii, aşa cum am şi tradus, de altfel. Lingvistica germană le-a zis vreme de un secol *Indogermanen*. Asta nu trebuie să ne tulbure, din moment ce terminologia rămâne clară. *Indogermanen* = indo-europeni.

## *Gânduri despre problema indo-europeană*
## N.S. Trubetzkoy

Indo-europenii sunt acei oameni a căror limbă maternă aparţine familiei de limbi indo-europene. Pornind de la această definiţie, singura posibilă ştiinţific, rezultă că *indo-european* este un concept pur lingvistic, precum *sintaxă*, *genitiv* sau *modificări fonetice* etc. Există limbi indo-europene şi există popoare care le vorbesc. Singurul lucru pe care acele popoare îl au în comun este acela că limbile lor aparţin aceleiaşi familii lingvistice.

Astăzi sunt multe popoare indo-europene şi multe limbi indo-europene. Cercetând în urmă, găsim că la fel era situaţia şi în trecut, în măsura în care privirea noastră poate pătrunde bezna veacurilor. Pe lângă strămoaşele limbilor indo-europene vorbite astăzi, au mai existat în trecut şi o serie întreagă de limbi indo-europene care au dispărut fără să lase urmaşi. Se presupune îndeobşte că ar fi existat odinioară o aşa-numită limbă proto-indo-europeană unică, din care se crede că ar coborî toate limbile indo-europene atestate. Această presupoziţie este contrazisă de faptul că, indiferent cât de departe privim în urmă în istorie, găsim întotdeauna o multitudine de popoare vorbind limbi indo-europene. Desigur, ideea unei proto-limbi indo-europene nu este cu totul neverosimilă, dar nu e necesară şi ne putem foarte bine lipsi de ea.

Definiţia unei „familii de limbi" nu cere neapărat ca toţi membrii ei să derive dintr-o singură proto-limbă. Prin „familie de limbi" se înţelege un grup de limbi care, pe lângă obişnuitele similarităţi de structură, mai concordă şi printr-o serie de „coincidenţe materiale", altfel zis o grupă de limbi în care o parte importantă a elementelor gramaticale şi lexicale prezintă corespondenţe fonetice regulate. Dar pentru explicarea regularităţii corespondenţelor sonore nu trebuie să recurgem la ipoteza unei origini comune, deoarece o asemenea regularitate poate apărea şi prin împrumuturile masive dintr-o limbă în alta. Astfel, în cele mai vechi împrumuturi în limbile vest-finice din slava (de est), consoanele sonore slave *b*, *d*, *g* corespund în finlandeză consoanelor scurte mute *p*, *t*, *k*. Consoanele surde slave *p*, *t*, *k* corespund celor finice duble lungi *pp*, *tt*, *kk*; sunetul scurt slav *ь* – finlandezului *i*, sunetul slav *ъ* – finlandezului *u* (sau *i*, atunci când *ъ* survine după surde slave în poziţie finală); slavului *o* – finlandezul *a*, slavului *e* – finlandezul *ä* ş.a.m.d. Ba chiar nici acordul în elementele de bază ale vocabularului şi morfologiei nu dovedeşte o origine comună, deoarece în principiu toate elementele limbajului pot fi împrumutate, în special în stadiile arhaice ale dezvoltării, când elementele de bază ale lexicului trec deseori dintr-o limbă în alta.

La vremea lui, Paul Kretschmer (în a sa *Einleitung in die Geschichte der griechischen Sprache*, Göttingen, 1896) a subliniat cu justețe faptul că, din punct de vedere lingvistic, diferența dintre înrudire și împrumut e doar una de cronologie. Recunoaștem ca împrumuturi acele cuvinte care au intrat în germanică din celtă sau italică și apoi din germanică în slavă după mutația consonantică din germanică prin aceea că ele nu se conformează unor corespondențe fonetice. De pildă, slavonul тынъ (gard, împrejmuire) este limpede împrumutat din germanicul *tûnas* (germ. *Zaun*, engl. *town*), deoarece în termenii comuni înrudiți etimologic germanicului *t* (germ. *z*, engl. *t*) trebuie să-i corespundă slavonul д (*d*) (*cf.* germ. *zwei*, engl. *two*, slav. *дъвě*, *дъва*; germ. *zu*, engl. *to*, slav. *do*; germ. *zwingen*, slav. *dvigati* (a mișca); germ. *sitzen*, engl. *sit*, slav. *sedeti*; germ. *Zahl*, slav. *dolja*, (parte, măsură); germ. *zerren*, engl. *tear* (vb.), slav. *дьрати, дира*; germ. *zergen*, rusă *дергать* etc.). Așa încât știm că *тынъ* e împrumutat, deoarece împrumutul a avut loc după trecerea, în germanică, de la *d* la *t*. Dacă împrumutul ar fi avut loc înainte de mutația consonantică din germanică, am fi avut în slavă **дынъ*, iar nu *тынъ*, iar atunci l-am fi considerat pe **дынъ* ca fiind un „autentic" corespondent etimologic al germanului *Zaun* și al englezescului *town*. Dar până și termenul germanic care a fost sursa lui *тынъ* poate la rându-i să fi fost împrumutat din celtică (*cf.* termenul galic *dunum* în numele de așezări fortificate: *Neviodunum, Mellodunum, Eburodunum, Uxellodunum* etc.). Dar pentru că împrumutul a avut loc înainte de trecerea germanică a lui *d* la *t*, germanicul *tûnas* (germ. *Zaun*, engl. *town*) nu-şi arată în nici un fel originea celtă şi trebuie privit ca un „autentic" corespondent etimologic al celticului *dûnum*. Cuvintele care au urmat acelaşi proces înainte de mutaţia consonantică, pe de altă parte, sunt văzute ca aparţinând fondului comun. Altfel zis, se atribuie „limbii proto-indo-europene" elementele care se întâlnesc în mai multe ramuri indo-europene şi nu prezintă nici un indiciu al direcţiei împrumutului dintr-o limbă în alta. Acelaşi lucru se întâmplă şi în alte familii de limbi.

Aşa încât nu există nici un motiv pentru a presupune o proto-limbă indo-europeană omogenă din care ar descinde ramurile indo-europene individuale. Este la fel de plauzibil ca formele vechi ale ramurilor indo-europene să fi fost iniţial diferite una de alta, dar de-a lungul timpului, prin contact neîncetat, influenţe reciproce şi schimburi de cuvinte, ele să se fi apropiat una de alta, însă fără a deveni identice.

Istoria limbilor cunoaşte evoluţii atât convergente, cât şi divergente. Uneori e chiar dificil să distingem între aceste două tipuri de evoluţie. Limbile romanice merg înapoi în mod neîndoielnic până la strămoşul comun care e latina populară. Dar, înainte de asta, latina populară a fost asimilată şi de iberi, gali, liguri, etrusci, veneţi, daci etc., aşa încât a fost o perioadă în care limbile acestora s-au amestecat cu latina, au absorbit cuvinte latineşti şi şi-au modificat morfologia şi sintaxa sub influenţa latinei. Nu încape îndoială că în acelaşi timp latina însăşi trecea prin mari modificări, deoarece trebuia să se adapteze „limbilor barbare". Rezultatul a fost că, atunci când limbile barbare au dispărut din diversele regiuni ale Imperiului Roman, lăsând locul latinei, acea latină era oarecum diferită de la o provincie la alta, aşa încât nu s-a putut ajunge la o totală unitate lingvistică. Fiecare varietate provincială de latină a continuat să evolueze independent de cele vecine. Asta a dus la apariţia limbilor romanice moderne, care se disting atât de mult una de alta astăzi, încât uneori dialectele unei limbi nu mai sunt reciproc inteligibile, ca să nu mai vorbim de diferitele limbi între ele. Pe de altă parte, limbile romanice, mai ales în varianta lor standardizată, au avut tendinţa de-a se apropia una de alta în chestiunile de detaliu. Acesta este un exemplu de întrepătrundere a convergenţei cu divergenţa.

Limbile romanice sunt un exemplu de dezvoltare a unei familii de limbi dintr-o „protolimbă". Acest exemplu are şi neajunsuri, pentru că „protolimba" în chestiune era o limbă de stat cu o tradiţie scrisă. Dar, pe lângă limbile romanice, există şi limbi „semi-romanice", sau „semi-latine", altfel zis limbi care şi-au înlocuit multe din trăsăturile iniţiale prin elemente latine populare, dar nu au mers până la capăt. O asemenea limbă este albaneza, de pildă. O parte importantă a lexicului său e de origine latină, iar structura sa gramaticală o aminteşte pe cea a limbilor romanice. Cu toate astea, albaneza nu a devenit o limbă romanică şi păstrează multe elemente care nu pot fi explicate prin latină. Dat fiind că latina ne este foarte bine cunoscută prin mărturiile scrise şi, mai ales, că are ca descendenţi limbile romanice vii, lingviştii pot în general (deşi nu fără un efort considerabil) să distingă elementele romanice de cele non-romanice din albaneză. Dar, dacă savanţii ar fi avut la dispoziţie doar câteva limbi semi-romanice precum albaneza şi le-ar fi aplicat metoda comparativă aşa cum e folosită în studiile indo-europene, ei ar fi fost nevoiţi să reconstruiască o „protolimbă" şi pentru acel grup de limbi semi-romanice. Făcând asta, ei ar fi putut fie să lase elementele non-romanice neexplicate, fie să le explice născocind complicate şi ingenioase reguli în procesul reconstruirii „protolimbii“. Ansamblul ar deveni şi mai complicat dacă în loc de un grup de limbi care intraseră într-un proces de convergenţă, dar s-au oprit în drum, hazardul istoriei ar fi păstrat descendenţii câtorva familii diferite legate între ele doar prin anumite elemente ale convergenţei. Cu toatele, acestea ar avea în comun doar unele elemente, iar comparatiştii ar trebui să reconstruiască o „protolimbă“ din elementele comune ale morfologiei şi vocabularului lor şi din corespondenţele fonetice regulate. Acea „protolimbă“ ar putea fi reconstituită, desigur, chiar dacă în mod cât se poate de evident ea nu va fi existat niciodată.

Aşa încât o familie de limbi poate fi rezultatul divergenţei, convergenţei, sau al unor combinaţii ale celor două tipuri de evoluţie, în proporţii variabile. Practic, nu există criterii care să indice cu o certitudine totală prin care din aceste două moduri de evoluţie s-a format o familie de limbi. Atunci când avem de-a face cu limbi atât de strâns înrudite, încât aproape toate elementele vocabularului şi morfologiei sunt prezente în toate sau în majoritatea membrilor (ţinând cont de modificările şi corespondenţele fonetice) este mai firesc să presupunem că a avut loc o convergenţă, şi nu o divergenţă.

Poate că am obţine mai multe indicii urmărind procesul segmentării unei familii de limbi. Unele familii se disting prin ceea ce am putea numi o segmentare *în lanţ*. Aşa sunt limbile slave. Aici fiecare limbă este ca o verigă între alte două limbi, iar limbile vecine sunt legate între ele prin dialecte de tranziţie cu prelungiri peste liniile de despărţire dintre un grup şi altul. Astfel, limbile slavilor din sud prezintă un lanţ neîntrerupt de la slovenă (prin dialectul kaikavian) la sârbo-croată, iar de la aceasta (printr-un şir de dialecte de tranziţie) la bulgară; apoi, dintre toate limbile sud-slave, cea mai apropiată de limbile slavilor vestici este slovena (în special prin dialectul său carinthian), în vreme ce bulgara (mai ales dialectele estice) e mai apropiată de limbile slave răsăritene. Dacă comparăm însă limbile slave cu restul limbilor indo-europene, nu vedem nicăieri un asemenea lanţ de segmentări. Desigur, grupul cel mai apropiat de limbile slave e constituit de limbile baltice (lituaniana, letona şi defuncta prusiană), dar nu putem decide care dintre limbile baltice este mai apropiată de slavă şi nici care limbă slavă e mai apropiată de cele baltice. În loc de un *„lanţ"*, găsim acolo un tip de segmentare în elemente pe care le-am putea numi *„cărămizi"*. Desigur, diferitele tipuri de segmentare observate în familiile de limbi „înrudite" pot foarte bine să urce până la modul formării acestor grupuri: astfel, avem un „lanţ" acolo unde predomină divergenţa, în vreme ce „cărămizile" se formează prin convergenţă.

Oricare ar fi explicaţia, familia indo-europeană nu constă în ramuri foarte conectate una cu alta. Fiecare ramură posedă numeroase elemente de vocabular şi morfologie care nu se regăsesc în celelalte. În această privinţă, familia indo-europeană diferă mult de altele precum cea turcică, cea semitică sau familia bantu. Aşa încât este la fel de probabil ca familia indo-europeană să fi apărut când unele limbi iniţial neînrudite (strămoaşele viitoarelor ramuri) au intrat într-un proces de convergenţă, sau, alternativ, că limbile indo-europene s-au dezvoltat dintr-o protolimbă prin divergenţă.

O asemenea posibilitate trebuie avută întotdeauna în minte atunci când e abordată problema indo-europeană și fiecare afirmație despre aceasta trebuie formulată în așa fel încât să fie validă în ambele ipoteze: divergență sau convergență. Dat fiind că până acum a fost luată în considerare doar ipoteza unei protolimbi unice, din care celelalte au provenit prin divergență, discuția a luat-o pe un drum greșit și a fost uitată natura ei primară, care e cea lingvistică. Au fost aduse în dezbatere, fără vreo justificare, arheologia preistorică, antropologia și etnologia. Se caută să se descrie locul de origine, rasa și cultura unui presupus popor primordial indo-european care poate nu a existat niciodată. Problema indo-europeană e formulată de unii lingviști germani (și nu numai!) în felul următor: „Ce tip de olărit, de ceramică, poate fi atribuit primilor indo-europeni?" Dar știința nu poate să răspundă unor asemenea întrebări (și altora de același tip), așa încât ele rămân vane. Logica lor e circulară, deoarece presupune ca punct de plecare existența unui popor proto-indo-european cu trăsături culturale și rasiale precise, ori asta e imposibil. Vânăm o iluzie romantică, în loc să ne menținem în limitele faptelor concrete de care dispunem, și anume: „indo-europenii" sunt un concept pur lingvistic.

Singura întrebare de natură științifică este: „Cum și unde a apărut tipologia lingvistică indo-europeană"? Iar răspunsul la această întrebare trebuie formulat prin metode pur lingvistice. Răspunsul depinde de ceea ce vom defini ca fiind *tipologia lingvistică indo-europeană*. Cum recunoaștem o limbă indo-europeană? Avem nevoie, desigur, de un număr de „coincidențe materiale", formale, și anume: elemente lexicale, rădăcini, sufixe și terminații pe care limba respectivă să le aibă în comun cu alte limbi indo-europene (ținând seama de corespondenţele fonetice), însă nimeni nu e în stare să spună cât de mare trebuie să fie numărul acelor coincidenţe pentru a stabili caracterul indo-european al unei limbi. La fel, nu ştim *care* elemente lexicale sau morfologice trebuie să fie prezente în toate limbile indo-europene. E greu de găsit un cuvânt care să se regăsească în toate limbile indo-europene, iar cele cu cea mai mare răspândire prezintă atâtea iregularităţi fonologice, încât prototipul lor poate fi reconstituit doar violentând faptele reale. Invers, cuvintele care oferă o regularitate fonetică totală se întâlnesc doar într-un grup restrâns de limbi indo-europene. Elementele morfologice, de asemenea, terminaţiile, îşi corespund doar rar. Corespondenţele fonetice ale terminaţiilor lipsesc foarte des şi se inventează atunci anumite legi fonetice ad hoc (*Auslautgesetze*) construite forţat şi artificial, uneori doar pentru a justifica un singur caz [precum explicaţiile date dativului singular slavon *рабу*, instrumentalului plural *рабы* sau genitivului singular *жены*].

Se adaugă la acestea faptul că unele dintre cele mai răspândite elemente lexicale şi morfologice indo-europene nu le sunt specifice acestora şi se întâlnesc şi în alte familii de limbi, care nu sunt indo-europene. Aşa sunt de pildă negaţiile care conţin *n* şi *m*, rădăcina pronominală *m* („eu, mie, pe mine“), *t* sau *s* („tu, te“), *kwo* („cine?“) etc. Luând în considerare toate acestea, nu trebuie să acordăm prea multă importanţă „corespondenţelor materiale“ pentru a decide dacă o limbă este indo-europeană. Asemenea corespondenţe trebuie să existe, iar absenţa lor totală poate fi considerată ca o dovadă că limba nu este indo-europeană. Dar numărul lor este irelevant şi nici unul dintre ele nu este indispensabil pentru a dovedi că o anumită limbă aparţine familiei indo-europene.

Pe lângă o serie de corespondenţe materiale, următoarele şase trăsături structurale contribuie la o asemenea demonstraţie, ele definind toate limbile indo-europene cunoscute nouă (vii şi moarte).

În domeniul fonologiei, avem doar două puncte sau trăsături de natură mai degrabă negativă:

1. *Nu există armonie vocalică.* Altfel zis, vocalismul silabelor din interiorul cuvântului nu e niciodată condiţionat de vocalismul primei silabe (spre deosebire de limbile altaice şi multe din cele fino-ugrice). Acolo unde termenul „armonie vocalică" e folosit în descrierea anumitor limbi şi dialecte indo-europene (de pildă în sub-lehitică, unele dialecte ucrainene vestice şi în dialectul sloven din Rezija), termenul e incorect, pentru că acolo avem mai degrabă influenţa gradului de apertură al unei vocale accentuate asupra unei vocale neaccentuate (de pildă în dialectul sloven din Rezija, *koleno*, „genunchi", rămâne neschimbat, dar *korito* „troacă" devine *kuritu*; în sub-lehitică-ucraineană, *с собою* „cu sine" rămâne, dar dativul *собі* devine *субі* etc.). Rezultatul acestui proces nu are nimic de-a face cu fenomenul pe care îl numim *armonie vocalică* în limbile altaice sau fino-ugrice.

2. *Numărul consoanelor permise la începutul cuvântului nu este mai mic decât cel al consoanelor din interiorul cuvântului.* O comparaţie cu limbile fino-ugrice sau altaice arată că aceasta este o trăsătură importantă. În acele situaţii în care în limbile indo-europene există o diferenţă între consoanele permise iniţial şi în interiorul cuvântului, primul set e întotdeauna mai bogat decât al doilea. De exemplu, anumite dialecte ale gaelicei din Scoţia disting la începutul cuvântului consoane aspirate şi neaspirate; în unele limbi indiene moderne, opoziţia e triplă, iar la începutul cuvân-

tului se disting aspirate, neaspirate şi ejective, însă în interiorul cuvântului asemenea distincţii dispar (de exemplu dialectele răsăritene din bengali). Nimic de felul acesta nu ar fi posibil într-o limbă fino-ugrică sau altaică (dar întâlnim ceva identic în limbile nord-caucaziene, de pildă în cecenă, unde consoanele surde şi cele ejective se disting numai în poziţie iniţială).

Următoarele puncte aparţin domeniului morfologiei:

3. *Cuvântul nu începe neapărat cu rădăcina.* Nu există limbă indo-europeană fără prefixe. Chiar şi în cele mai vechi limbi indo-europene găsim prefixe autentice, altfel zis morfeme care nu sunt cuvinte independente (de pildă *n̥* – „fără“, *su* – „bun“, *dus* – „rău“, augmentul *e*-). În limbile indo-europene recente, numărul acestor prefixe creşte enorm.

4. *Cuvintele se formează nu doar prin intermediul afixelor, ci şi prin modificări ale vocalelor în interiorul rădăcinii.* În toate limbile indo-europene, vechiul *Ablaut* (sau *apofonie*, alternanţa dintre vocalele din tema unui cuvânt), despre a cărui origine putem doar să speculăm, se însoţeşte cu un altul, rezultat din efectul unor legi fonetice noi. Dar noile modificări vocalice şi-au pierdut forţa prin ocultarea mecanismelor care le declanşau, aşa încât dintr-un punct de vedere sincronic aceste modificări nu mai sunt reglementate mecanic, ci par la fel de „libere“ şi „gramaticale“ ca şi vechiul *Ablaut*. Rusa modernă nu face nici o distincţie între alternanţa *e* – *o* în *мéлет* („macină“) şi *мóлотый* („măcinat“), *петь* „a cânta“ şi *пой* („cântă!“), *течь* („a curge“) şi *ток* („curent, pârâu“), când în primul caz e vorba de o alternanţă specifică limbii ruse, în al doilea ea urcă până la o regulă fonetică din slava comună, iar în al treilea merge până la un *Ablaut* pre-slav („indo-european“). În toate limbile indo-europene, alternanţe vocalice vechi şi noi se

suprapun și formează o rețea complexă. De pildă, rădăcina germană cu sensul de „a sparge, a rupe" e folosită în limba literară cu opt vocalizări diferite, altfel zis cu toate vocalele simple (nediftongate) ale limbii germane: *Bruch* („ruptură"), *gebrochen* („rupt, spart"), *brach* („am spart"), *bräche* („aș rupe, aș sparge"), *brechen* („a sparge"), inf., apoi *brich* („sparge!"), *brüchig* („sfărâmicios, friabil") și *ab-bröckeln* „a (se) fărâmița".

5. *Regulile morfologice funcționează nu doar prin intermediul afixelor, ci și prin modificări ale consoanelor în interiorul rădăcinii.* Nu există limbă indo-europeană fără modificări consonantice determinate gramatical. Desigur, modificările sunt întotdeauna rezultatul unei combinații de alunecări fonetice al căror mecanism poate încă să fie reconstituit. Dar, dintr-o perspectivă sincronică, modificările consonantice în fiecare limbă indo-europeană sunt libere. Faptul că aceasta este o importantă trăsătură structurală e dovedit prin compararea cu alte tipuri de limbi, precum cele semitice, în care modificarea consoanelor în flexiune e imposibilă, așa cum procedeul le e străin și limbilor nord-caucaziene (cu excepția limbilor arči și lezghi) sau celor altaice, ale căror modificări consonantice sunt strict condiționate.

În domeniul morfologiei, putem identifica o singură trăsătură specifică:

6. *Subiectul unui verb tranzitiv e supus aceluiași regim ca și subiectul unui verb intranzitiv.* În acele limbi indo-europene în care opoziția cazurilor nominativ–acuzativ e exprimată prin terminații, subiectul frazei este la nominativ indiferent dacă verbul e tranzitiv sau intranzitiv (e.g. lat. *filius patrem amat – filius venit*); iar în acele limbi indo-europene în care relațiile sintactice sunt exprimate prin

ordinea cuvintelor, subiectul ocupă acelaşi loc în frază, indiferent dacă verbul e tranzitiv sau intranzitiv (e.g. fr. *le fils aime le père – le fils vient*).

Fiecare din aceste şase trăsături structurale se întâlneşte şi în limbi non-indo-europene, dar numai în limbile indo-europene se regăsesc toate şase. O limbă care nu posedă toate aceste trăsături structurale menţionate mai sus nu poate fi considerată indo-europeană, chiar dacă prezintă numeroase corespondenţe de vocabular cu limbile indo-europene. Invers, o limbă care a împrumutat o mare parte a lexicului şi morfologiei sale unor limbi non-indo-europene este indo-europeană dacă posedă toate cele şase trăsături menţionate, chiar dacă nu prezintă decât un mic număr de corespondenţe lexicale şi morfologice cu celelalte limbi indo-europene.

O limbă poate astfel să înceteze a mai fi indo-europeană sau poate deveni indo-europeană. „Indo-europeana" s-a născut atunci când toate cele şase trăsături structurale specifice au fost reunite într-o limbă ale cărei vocabular şi morfologie prezentau o serie de corespondenţe regulate cu limbile indo-europene atestate mai târziu. Nu este exclus ca mai multe limbi să fi devenit indo-europene în această manieră cam în acelaşi timp. Dacă aşa stau lucrurile, atunci mai multe limbi indo-europene au format iniţial o aşa-numită uniune lingvistică (*Sprachbund*), care ulterior s-a dezvoltat într-o familie de limbi. Astăzi, în retrospectivă, le putem vedea ca pe dialecte ale proto-indo-europenei, dar nu este necesar să le presupunem coborâte din aceeaşi sursă. Tot ce putem presupune cu un mare grad de certitudine este că a existat un contact geografic între aceste dialecte indo-europene arhaice.

Consideraţiile ce urmează sunt decisive pentru a determina aria geografică în care aceste dialecte au căpătat caracterul pe care îl numim indo-european. Teoria expansiunii în valuri a lui Johannes Schmidt poate fi aplicată nu doar dialectelor unei limbi, ci și unor limbi vecine geografic, dar neînrudite. Chiar și atunci când nu sunt înrudite, limbile vecine se „infectează una pe alta“, cum ar veni, și capătă trăsături fonetice și gramaticale comune. Fiecare limbă are trăsături structurale comune cu vecinii, iar acele trăsături comune sunt cu atât mai numeroase cu cât contactul geografic a durat mai mult. Același lucru e valabil și pentru familiile de limbi.

Dacă ne uităm la răspândirea geografică a familiilor de limbi în Eurasia din punctul de vedere al tipologiilor structurale, vedem că ele formează un lanț neîntrerupt. Limbile fino-ugrice și paleo-siberiene strâns apropiate de ele concordă în anumite particularități structurale cu cele „altaice“ (turcice, mongole și manciu-tunguse). Limbile altaice, prin anumite trăsături comune, se apropie de coreeană și japoneză, iar aceasta din urmă are la rândul ei trăsături comune cu limbile malaio-polineziene din Oceania. Limbile altaice, la rândul lor, au trăsături comune pe de o parte cu limbile tibeto-birmane, pe de alta cu limbile paleo-asiatice (yukaghir, ghiliak, kamceadal, ciukci), iar acestea din urmă sunt similare în structură cu limbile eschimoșilor, formând astfel legătura cu limbile Americii de Nord. În Africa, un lanț de același tip duce de la semită, hamită și cușitică, prin limbile negrilor de tipul fulani și wolof, la limbile din Sudan (Nilo-Sahara), care, prin intermediul limbilor „bantoide“, sunt legate cu limbile *bantu* propriu-zise. Limbile sudanice nu sunt foarte diferite de anumite limbi izolate din Africa de Vest, precum fulani și wolof, care la rândul lor se apropie de limbile berbere. Limbile de tip Nilo-Sahara împart anumite trăsături cu cele cușitice. În sfârșit, berbera, cușitica, copta și limbile semite împart suficiente trăsături comune pentru a fi numite *hamito-semitice*.

Dacă luăm în considerare toate acestea și faptul că fiecare din cele șase trăsături structurale indo-europene menționate înainte se regăsește în mod individual în limbi non-indo-europene, putem plasa geneza structurii lingvistice indo-europene într-o regiune care se învecinează cu familiile cu care împarte anumite trăsături.

Vecinii limbii (sau limbilor) de tip indo-european, în forma lor cea mai veche, n-au putut fi decât două mari grupuri de limbi: uralo-altaice și cele pe care le numim „mediteraneene“. Limbile uralo-altaice (care includ mai multe familii: fino-ugrice, turcice, samoedă, mongolă și manciu-tungusă) au în comun cu indo-europeana construcția acuzativă (punctul 6), iar ramura sa cea mai vestică, fino-ugrica, prezintă și modificări consonantice ale rădăcinii (punctul 5). Grupul „mediteraneean“, reprezentat astăzi de limbile caucaziene și semitice (caucazian vest și est, caucazian sud, semitic, basc și poate berber), iar în trecut de limbi dispărute din Asia Mică, atinge indo-europeana în punctele 1, 2, 3 și 4. Diferă însă de ea prin aceea că limbile din acest grup nu folosesc alternanțe consonantice și au o construcție ergativă; aceasta fiind însă străină semiticei. (Construcția ergativă implică diferite forme ale subiectului, în funcție de aceea dacă verbul este tranzitiv sau nu; *cf.* în avară, limbă caucaziană din Daghestan: *vac vekerula* („băiatul fuge“), dar *vocas til bekerula* („băiatul ia un băț“). Indo-europeana reprezintă astfel o punte între aceste două structuri lingvistice: uralo-altaică și mediteraneeană, de aceea cel mai firesc ar fi să localizăm apariția tipologiei indo-europene undeva între aria de răspândire a familiei de limbi uralo-altaice, pe de o parte, și limbile mediteraneene, pe de alta. În același timp, trebuie remarcat că limbile dravidiene din India împart cu cele uralo-altaice o serie întreagă de trăsături structurale străine limbilor indo-europene, ceea ce ar face neverosimilă localizarea leagănului limbilor indo-europene în Iran sau nordul Indiei. Și mai puțin probabilă ar fi o localizare mult mai spre est, deoarece acolo indo-europeana ar trebui să servească de punte între uralo-altaică și chineză sau sino-tibetană.

Așa se face că regiunea în care au apărut cele mai vechi dialecte indo-europene trebuie situată undeva între aria fino-ugrică și limbile caucaziene-mediteraneene. Sigur, localizarea aceasta e destul de vagă, cu atât mai mult cu cât nu știm cât de departe spre nord au putut să se extindă familiile de limbi mediteraneene în trecutul cel mai îndepărtat. Dar nu se poate preciza în mod științific regiunea. Mai întâi de toate trebuie să combatem prejudecata că așa-numita limbă proto-indo-europeană ar fi ocupat un teritoriu restrâns și bine definit. Dat fiind caracterul neomogen al acestei proto-limbi (vizibil și prin metodele de reconstrucție moderne), nu este necesar să presupunem un singur punct de declanșare a expansiunii. E ușor însă să imaginăm efectul combinat al mai multor puncte de răspândire pe un larg teritoriu.

Apariția limbilor indo-europene nu a fost un act simultan, ci un lung proces. Ca orice privește procesele lingvistice, tipologia indo-europeană a fost subiectul unei dezvoltări lente. În principiu, fiecare ramură indo-europeană evoluează într-o direcție proprie, însă anumite tendințe evolutive sunt comune tuturor ramurilor. Dacă comparăm aceste tendințe cu situația din limbile non-indo-europene, apar elemente interesante. Pentru perioada cea mai arhaică a indo-europenei, reconstituim nu mai puțin de trei serii de consoane ocluzive. În limbile atestate istoric, acestea se reduc însă la două serii și doar oseta, armeana, kurda și limbile din India, care sunt înconjurate de vecini non-indo-europeni, au păstrat până astăzi sistemul de ocluzive cu trei sau patru serii. Nu întâmplător, găsim trei serii de ocluzive în limbile Caucazului și, dacă considerăm așa-numitele consoane emfatice ca pe un mod special de a articula, le găsim și în limbile hamito-semite. Limbile fino-ugrice, în schimb, nu posedă decât două serii de ocluzive și se apropie aici de cele uralo-altaice.

În cel mai vechi sistem fonetic indo-european, consoanele labiale erau foarte puțin dezvoltate, iar **b* se întâlnea extrem de rar. În limbile indo-europene atestate istoric, acest neajuns a fost eliminat, rezultatul fiind că limbile indo-europene moderne se apropie acum aici de cele fino-ugrice, altaice și de samoedă. Limbile nord-caucaziene arată aceeași sărăcie a labialelor ca și proto-indo-europeana (una din cele trei consoane bilabiale, așa-numitul *p* ejectiv, se întâlnește foarte rar, iar în avară și lak, de exemplu, lipsește cu totul); același lucru se poate spune și despre limbile semitice, dotate cu consoane emfatice guturale și dentale, dar lipsite de labiale emfatice (dacă a existat vreuna în „protolimbă“, frecvența ei trebuie să fi fost foarte scăzută).

Pentru indo-europeana cea mai timpurie, reconstituim cel puțin două categorii de guturale. Felul în care *g* și *k* se opuneau una alteia e încă subiect de dispută. Unii savanți reconstituie acolo guturale pure și labializate; alții definesc opoziția ca între palatale și non-palatale. Totuși, practic toate limbile indo-europene atestate istoric au o singură clasă a guturalelor; în acele limbi indo-europene în care există o a doua clasă a guturalelor (persana modernă, oseta, letona) e vorba în mod evident de un fenomen secundar. În același timp, prezența a două clase de guturale e o caracteristică a limbilor caucaziene, în vreme ce în limbile finougrice și altaice există fonologic o singură clasă a guturalelor, iar opoziția dintre velar și palatal e condiționată de contactul cu vocalele.

Așa cum a arătat-o Kurylowicz, indo-europeana cea mai veche a avut sunete laringale, trăsătură prin care se apropie iarăși de limbile caucaziene și hamito-semite. Ulterior, indo-europeana a pierdut laringalele, iar acolo unde ele apar în limbile istorice (germ. *h*, ucr. *g*), ele sunt secundare (doar în hitită *h* ar putea merge înapoi până la una din laringale) – exact precum e situația astăzi în limbile ugrice și altaice, care nu au posedat laringale în stadiile timpurii ale dezvoltării lor. Acolo unde un *h* apare în uralo-altaică, el este tardiv. Astfel, maghiarul *h* provine din *x*; în buriată și evenk, *h* vine din *s*. În dialectul tătar din Kasimov, ocluziunea glotală poate fi trasată ca provenind din *k* și putem invoca un caz analog, cel al dialectului sloven din Rosental, în care *k* slav s-a transformat într-o ocluziune glotală. Printre vecinii indo-europenei, o mare varietate de laringale e întâlnită numai la caucazienii de nord și în hamito-semită.

Reduplicarea parțială a rădăcinii a jucat un mare rol în cele mai arhaice limbi indo-europene și a supraviețuit în timpuri istorice în cele mai vechi stadii ale dezvoltării limbilor indo-europene atestate. Unele forme gramaticale depind nu doar de flexiune și *Ablaut*, ci și de reduplicare, adică de repetarea primei consoane a rădăcinii. Asemenea forme sunt atestate în sanscrită, iraniană, greaca veche, latină (*posco – poposci* „a cere“, *tango – tetigi* „a atinge“, *tundo – tutudi* „a lovi“), umbriană, oscă și gotică. Indo-europeana e în acord aici cu semita și cu limbile caucaziene (*cf.* în avară: *tese* „a rupe“ [perfectiv] – *tetese* „a rupe“ [imperfectiv]; în limba lak: *cun* „a fi bolnav" – *cucar* „doare"; *ššaran* „fierbe", *ššaraššar* [iterativ]; în arči: *xuras* „râde" – *xuraxu* „a râs"). Acest mecanism morfologic este însă cu totul străin stadiilor recente ale limbilor indo-europene, aşa cum le este şi limbilor fino-ugrice sau altaice.

Într-un stadiu timpuriu al dezvoltării lor, limbile indo-europene au început să distingă genurile gramaticale: mai întâi (aşa cum se crede) un gen animat sau activ opus unui gen inanimat sau pasiv, apoi masculin, feminin şi neutru. Dar tendinţa a fost de a pierde această distincţie sau de a o reduce la minimum. Armeana şi limbile iraniene moderne au pierdut genurile gramaticale cu totul, engleza şi olandeza au păstrat doar câteva resturi, iar limbile romanice, letona şi lituaniana disting doar masculin şi feminin. Printre limbile vecine cu indo-europeana, opoziţia genurilor e o constantă în caucaziana de nord [est] (cecena, de ex., are şase genuri) şi pe o scară mai modestă în hamito-semită. În uralo-altaică, genurile gramaticale nu există.

În sfârşit, Uhlenbeck a arătat că în stadiile timpurii ale indo-europenei un ergativ era opus stării absolute, iar nu nominativul contra acuzativului, aceasta fiind o trăsătură care leagă indo-europeana de limbile caucaziene, în vreme ce opoziţia nominativ–acuzativ are o paralelă în limbile uralice şi altaice.

În toate privinţele enumerate mai sus, aşadar, limbile indo-europene au evoluat de la o tipologie similară cu cea a limbilor din estul Caucazului spre una care aminteşte fino-ugrica şi altaica. Aceste fapte pot fi interpretate în mod divers. Putem să considerăm că ele sunt consecinţa unor evenimente istorice în viaţa „proto-naţiunii" indo-europene şi să căutăm să reconstituim ce s-a întâmplat. Punând în ea ceva imaginaţie, o asemenea reconstrucţie s-ar putea dovedi chiar isteață – deși va rămâne întotdeauna neconvingătoare. Dar putem interpreta faptele de mai sus și ca fiind rezultatul unui proces natural de dezvoltare. Hipertrofierea flexiunii reprezentată de limbile caucaziene răsăritene moderne ar fi atunci privită ca un stadiu primitiv, iar tipul reprezentat de limbile altaice – ca fiind stadiul ideal al evoluției lingvistice. Desigur, o asemenea interpretare ar contrazice atitudinea egocentrică obișnuită care ne spune că limbile dotate cu flexiune internă se află pe o treaptă a evoluției mai ridicată decât cele aglutinante. Dar asta n-ar fi o justificare pentru a respinge teoria.

Există un singur motiv pentru care lingviștii au considerat întotdeauna limbile aglutinante ca fiind inferioare celor cu flexiune internă: ei înșiși au provenit sistematic din cel de-al doilea grup. Dacă ne descotorosim de prejudecata indo-europeană, trebuie să admitem că limbile cu aglutinare pură, precum cele altaice, cu numărul lor mic de foneme folosite în mod foarte economic, rădăcinile stabile puse în evidență de poziția obligatorie la începutul cuvântului și sufixele și terminațiile lipsite de orice ambiguitate reprezintă o formă mult mai perfecționată decât limbile cu flexiune, precum, să spunem, cele est-caucaziene cu rădăcinile lor fluide care își schimbă mereu vocalele și care se ascund printre prefixe și sufixe, dintre care unele au o formă fonetică definită, dar sensuri care se schimbă capricios, pe când altele cu sens identificabil sunt exprimate prin mijloace eterogene și formal conflictuale.

În majoritatea limbilor indo-europene, flexiunea nu este atât de hipertrofiată ca în limbile din Caucaz, dar ele sunt totuși departe de perfecțiunea tehnică a limbilor aglutinante. Încercările de a crea limbi artificiale arată că, contrar a ceea ce auzim de la savanții indo-europeni, aglutinarea pare a fi un ideal, în comparaţie cu flexiunea, mai ales când e vorba de una hipertrofiată. Charles Bally are dreptate când spune că, deşi Esperanto constă în lexeme indo-europene, structura sa este una aglutinantă. Aşa că, atunci când indo-europenii vor să „amelioreze natura“, ei leapădă fără să-şi dea seama flexiunea şi se întorc spre aglutinare. Opusul ar fi de neînchipuit. Nu putem imagina un finlandez, un eston, ungur, turc sau japonez care, căutând să creeze o limbă artificială, ar aboli aglutinarea şi ar introduce flexiunea internă.

Iată de ce sunt dispus să consider că tipologia indo-europeană s-a format ieşind dintr-un tip primitiv de flexiune fără a ajunge la stadiul superior al structurilor aglutinante.

## Note la textul lui Trubetzkoy: Anatolia şi Caucazul – leagănul originar al indo-europenilor

Teoria clasică a originii indo-europenilor propunea nordul Mării Negre – sudul Ucrainei şi Rusiei de azi – ca loc de formare a proto-indo-europenei. Mai recent, s-a propus cursul de jos al Dunării, altfel zis câmpia română şi Balcanii (ipoteza preferată a naţionaliştilor est-europeni, desigur).

Trubetzkoy, Gamkrelidze şi Ivanov pe de o parte şi Colin Renfrew pe de alta au propus însă (cu aproximaţie) estul Anatoliei – sudul Caucazului. Aceştia au dreptate. Voi aduce aici în completarea teoriei lor câteva remarci lingvistice privind tipologia indo-europenei.

În primul rând, acceptând, fie şi ca ipoteză de lucru, un leagăn plasat în Europa ne regăsim cu o problemă de tipologie areală: am văzut, cum a arătat-o Trubetzkoy, dar şi de-a lungul prezentei cărţi, că limbile se influenţează şi îşi modifică reciproc tipologia. Astfel, limbile Asiei de sud-est şi est, chineza, birmana, thai, vietnameza etc., deşi nu sunt înrudite genetic, împărtăşesc aceeaşi tipologie: monosilabism, prezenţa tonurilor, absenţa flexiunii şi a genurilor gramaticale. La fel, Siberia şi Asia centrală sunt o arie unde limbile – fino-ugrice, uralo-altaice, paleo-siberiene – sunt limbi aglutinante, prezentând acelaşi model gramatical de Lego lingvistic. Exemple similare pot fi găsite în Africa, în Americi, ba chiar şi în Balcani, unde s-a ajuns la o uniune tipologică lingvistică – un *Sprachbund* – între limbile slave locale, română şi albaneză (articol postpus, erodarea flexiunii, structuri gramaticale similare).

Acum: limbile pre-indo-europene din Europa nu au genuri gramaticale. Nici basca, în occidentul continentului, nici limbile finice şi lapona din nord, nici măcar etrusca vorbită în antichitate în Italia de azi, în Toscana, nu posedau genuri gramaticale. Ipoteza naşterii, în vecinătatea lor, a unor limbi cu complicatul mecanism al celor trei genuri gramaticale şi cu flexiune internă cum sunt cele indo-europene e neverosimilă.

În schimb, limbile din Caucazul de est, de o parte şi de alta a versantului muntos şi de-a lungul Mării Caspice, posedau genuri gramaticale, unele precum cecena chiar în număr de şase, dar altele, cum e avara în Daghestan, posedând trei, masculin, feminin şi neutru, şi comportându-se exact ca indo-europeana. În aceste limbi, particule gramaticale adăugate rădăcinii adjectivului indică genul gramatical: exact ca în *novus–nova–novum*. Nimic asemănător în mecanismul limbii basce sau al finlandezei, cu care proto-indo-europenii ar fi trebuit să fie vecini conform vechilor teorii.

Limbile pre-indo-europene din Europa (basca, limbile finice şi lapona) au o structură aglutinantă, în care rădăcina şi particulele adăugate posedă un vocalism constant, care nu se modifică. Cele indo-europene, la fel ca şi cele caucaziene din sud (kartveliene), din care principala e georgiana, sunt limbi cu o foarte complexă flexiune internă, care modifică profund vocalismul rădăcinii. La fel se comportă şi limbile semite, care au trebuit să se învecineze în trecut cu cele proto-indo-europene şi cu cele kartveliene. Limbile semite au la rândul lor genuri gramaticale (masculin şi feminin) şi flexiune internă care modifică profund vocalismul rădăcinii. În limbile semitice, jocul vocalelor în flexiune are astfel un rol morfo-semantic decisiv, precum în cele indo-europene, kartveliene şi caucaziene de nord (cecena, avara etc.). În schimb, în bască, finlandeză, estonă şi laponă silaba nu îşi modifică niciodată vocalismul, flexiunea făcându-se prin aglutinare. Un cu totul alt model tipologic şi areal.

Limbile kartveliene şi cele indo-europene au împrumutat în preistorie o serie de numerale din proto-semită, în special 6 şi 7. Mai mult, s-a produs un interesant *chassé-croisé* de împrumuturi. Astfel, în georgiană semiticul 4 (*arb'a* în ebraică) a devenit 8 (*rva*), în vreme ce 4 georgian (*othi*) e 8 din indo-europeană: *octo*, *ahtau* etc. Mai mult, 8 în indo-europeană era un dual, lucru încă vizibil în sanscrită, avestică şi gotică (*ahtau*), adică însemna „de doua ori 4“, ceea ce dă încă şi mai mult sens georgianului *othi* = 4.

Să mai spunem că în cecenă numeralul 4 este singurul care primeşte prefixe de clasă nominală, care are aşadar forme diferite în funcţie de genul substantivului pe care îl determină.

Un fenomen exact similar de comput pe o bază de 4 întâlnim şi în alte limbi de pe planetă, în limbi africane, sau în limba izolată burushaski din munţii Pamir, unde

2 = *alto*
4 = *walto*
8 = *altambo*
20 = *altar.*

E perfect coerent astfel ca georgianul *othi* să fie = 4, în vreme ce în indo-europeană *octo* (*ahtau* etc.) e un dual, adică 4 x 2. E la fel de coerent, în acest dispozitiv, ca semiticul 4 (*arb'a* în ebraică) să fi dat georgianul 8 = *rva*. Astfel se explică şi cvasi-identitatea, în toate limbile indo-europene, a numeralului 9 cu adjectivul „nou“: *novum–novem*, *neu–neun* etc. 9 deschidea o nouă serie... Toate acestea nu indică altceva decât că indo-europeana a trebuit să se formeze în vecinătatea limbilor semite şi caucaziene, atât de nord, cât şi de sud. Asta exclude pentru indo-europeană un leagăn la nordul Mării Negre şi exclude cu totul regiunea Dunării, îndepărtată atât de caucazieni, cât şi de semiţi şi unde în neolitic trebuie să se fi vorbit limbi paleo-europene ce formau probabil veriga între bască şi limbile finice, care au o tipologie aglutinantă.

Ipoteza anatoliană mai explică şi marele număr de termeni din lexic comuni în indo-europeană cu limbile semite şi cele caucaziene. Cei din proto-semitică sunt prea cunoscuţi pentru a-i relua aici. Cu limbile caucaziene, avem corespondenţe surprinzătoare, precum rădăcina *sed- pentru „a şedea“, „a aşeza“ (identică în georgiană/kartveliană), numerale ordinale precum *pirveli* („primul, întâiul“) în georgiană, ce nu poate veni din limbile slave, cu care nu există nici un contact atunci când apar primele texte georgiene în sec. V.

Numeroase sunt corespondenţele lexicale arhaice şi între indo-europeană şi limbile caucaziene de nord (cecena, avara etc.), în vreme ce împrumuturile din limbi indo-europene în bască sau finlandeză sunt toate din epoci istorice, recente şi uşor de trasat.

Toate acestea indică aşadar că proto-indo-europeana trebuie să se fi format în estul Anatoliei, în vecinătatea semiţilor şi a caucazienilor.

**Contra teoriei kurganelor.**
**Pentru ce limbile indo-europene**
**nu se puteau naşte în nordul Mării Negre**

Teoria kurganelor şi a năvălitorilor crescători de cai originari din sudul Ucrainei de azi este aşadar total contrazisă de lingvistică.

Aşa cum subliniază şi Trubetzkoy în textul de mai sus, este extravagant să ne imaginăm că am putea şti ce limbă vorbeau cei din kurgane. Genetica nu ne este de nici un ajutor acolo. Este o falsă pistă şi o capcană eternă.

Ipoteza kurganelor nu e sprijinită de lingvistică. Din punct de vedere lingvistic, indo-europenii nu puteau să apară în nordul Mării Negre, ci doar în Anatolia, sau undeva între Caucaz şi Orientul Apropiat.

Indo-europeana reconstruită, limbile caucaziene de sud (precum georgiana) şi limbile semite prezintă similitudini structurale şi tipologice unice, total absente în alte zone ale planetei. Mai mult, nu există nici un semn de contact, nici cel mai mic, între limbile indo-europene şi cele băştinaşe din nordul Mării Negre, limbile adîghe, cum sunt cercheza şi abhaza şi kabarda. Aceia trăiau acolo dintotdeauna, iar cu indo-europenii nu au avut deloc contact până în timpuri istorice. În schimb, similitudinile lingvistice sunt intime între indo-europeni şi caucazienii din sud, georgienii, şi semiţi. Asta exclude cu desăvârşire o arie de formare în zona de nord a Mării Negre şi trimite doar spre Caucaz şi estul Anatoliei.

Genurile gramaticale, de pildă, cum o spune şi Trubetzkoy, nu se nasc din senin, ele sunt o trăsătură areală. Ele sunt inexistente în orice limbă asiatică sau altaică sau europeană veche (basca). Doar limbile indo-europene, cele caucaziene de la Marea Caspică şi limbile semite au genuri gramaticale. Ipoteza ca genurile gramaticale să fi apărut la indo-europeni care ar fi fost în contact în nordul Mării Negre cu strămoşii cerchezilor este absurdă. Nici în cerchează–kabardă–abhază, nici în finlandeză nu există genuri. Ele nu se nasc de la sine, sunt un mecanism prea complicat. În schimb, limbile semite şi cele caucaziene de nord-est (Marea Caspică) au genuri gramaticale.

Cerchezii şi kabarzii şi abhazii au trăit dintotdeauna în nordul Mării Negre, între Crimeea şi Caucaz. Nu există nici o urmă că ar fi venit din altă parte. Limbile lor polisintetice, monosilabice şi activ-catenate nu seamănă cu nimic altceva din Asia sau Europa. Nu există nici cel mai mic semn al vreunui contact între ei şi indo-europeni, dacă aceştia din urmă s-ar fi format exact în acea zonă, conform teoriei kurganelor. Cei din kurgane trebuie să fi fost de fapt proto-cerchezi şi proto-kabarzi.

În schimb, intimitatea contactelor dintre indo-europeană şi georgiană şi limbile semite urcă cel puţin până în neolitic. Asta arată unde s-au format indo-europenii: în Caucaz şi estul Anatoliei, unde au fost în contact cu protogeorgienii şi cu semiţii.

Nu se pot explica contactele intime cu proto-semita și proto-georgiana dacă propunem formarea indo-europenilor în nordul Mării Neagre și nici absența oricărui contact cu limbile indigene de acolo.

Armele, vasele, harnașamentul nu dovedesc nimic. Acestea se vindeau, se schimbau și se imitau. Hainele la fel, veneau mode, treceau. Urmele lingvistice sunt însă de neșters.

Apoi, nu a existat nici o cucerire a Europei de către războinici indo-europeni. Agricultura se extinde foarte lent. Arheologul Colin Renfrew (*cf.* Bibliografia, mai jos) propunea o expansiune de un kilometru pe an. Atât îi trebuie unui fecior să se mute din coliba familială cu familia nouă și să defrișeze un pic mai încolo. Un kilometru pe an, fără violență. Vânătorii-culegători au avut întotdeauna nevoie de sedentari. Potrivit ipotezei pașnice și logice, în două milenii agricultorii (vorbitori de limbi indo-europene) ar fi ajuns oricum din Anatolia în centrul Europei.

Cât despre kurgane, putem să ne imaginăm cum cutare șef proto-cerchez sau paleo-abhaz se îngropa în kurgan cu harnașament scump, cumpărat prin troc de nu știm unde. Sigur, sar arheologii: influențe iraniene etc. Dar de fapt nu știm. Poate că erau cumpărate într-un port grecesc din Crimeea. Obiecte de lux. Ca un șef de trib pigmeu care s-ar îngropa ritualic cu o șapcă *Make America Great Again* primită de la traficanți belgieni.

De altfel, dacă arheologii peste 3.000 de ani s-ar lua după cantitatea de porțelanuri găsite în Anglia victoriană ar crede că Anglia era atunci ocupată de chinezi. Cam asta dovedesc obiectele, în absența textelor și când nu e folosită logica lingvistică.

## O comparaţie între limbile indo-europene şi cele din Daghestan

Limbile din Daghestan, actualmente o republică autonomă a Federaţiei Ruse situată între Cecenia şi Marea Caspică, prezintă o varietate la fel de mare ca limbile indo-europene, cele pe care hazardul istoriei şi al geografiei le-a făcut să fie astăzi *phyllum*-ul de limbi cel mai răspândit pe planetă.

Folosim aici termenul *phyllum* pentru a regrupa mai multe familii de limbi înrudite: germanice, slave, romanice, iraniene, indiene etc., un *phyllum*, cum e cel indo-european, fiind o super-familie.

Am spus: dacă luăm primele zece cele mai vorbite limbi de pe planetă, vedem că şapte dintre ele sunt indo-europene: spaniola, engleza, portugheza, rusa, hindi/urdu, bengali şi punjabi, care luate împreună depăşesc de departe chineza han, araba şi japoneza. Ba chiar şi dacă luăm doar limbile din India, Pakistan şi Bangladesh, altfel zis limbile indiene, şi tot depăşim vorbitorii nativi de chineză han.

Diversitatea limbilor indo-europene este aşadar uriaşă, fără să uităm că unele, precum toharica sau limbile anatoliene, dintre care cea mai cunoscută rămâne hitita, au dispărut definitiv, lăsând în urmă doar texte.

E cu atât mai surprinzător să descoperim că diversitatea limbilor din Daghestan (cu care sunt înrudite de departe limbile nakh: cecena, inguşa şi baţbi), toate situate într-o zonă mică în colţul Caucazului de nord care dă spre Marea Caspică, prezintă o diversitate lingvistică la fel de mare ca ansamblul limbilor indo-europene… prezentând şi multe similitudini structurale cu acestea.

În Daghestan (suprafaţă echivalentă cu Beneluxul) se vorbesc 26 de familii de limbi indigene, fiecare cu dialectele ei, limbi în care nu le includem pe cele ale nou-veniţilor, turcofonii de la câmpie, armenii, osetii sau ruşii. Spunem familii de limbi, unele fiind reprezentate de o singură limbă izolată, aşa cum în cadrul limbilor indo-europene avem limbile izolate care sunt greaca, albaneza şi armeana. La fel avem în cadrul acelui *phyllum* al limbilor nakho-daghestaneze limbi izolate precum arči, dargo sau udi. Avem în schimb şi familii extinse, cum ar fi avara-andi-dido, care, fiecare cu multiplele ei dialecte, poate fi comparată cu familia limbilor iraniene. La fel, limbile lezghiene pot fi comparate în diversitate cu cele slave sau germanice, iar tabasaran, lezghi şi ţahur, cu multiplele lor dialecte, pot fi la egalitate cu limbile romanice sau celtice, pe când cecena, inguşa şi baţbi prezintă aceeaşi diversitate ca limbile baltice.

Diferenţa surprinzătoare este că cele 26 de familii care formează acel *phyllum* nakho-daghestanez sunt vorbite, cumulat, de doar trei milioane de oameni, în vreme ce limbile indo-europene sunt vorbite de peste două miliarde pe întreaga planetă.

În cazul limbilor indo-europene fărâmiţarea în familii distincte s-a datorat răspândirii pe suprafeţe uriaşe, de la Atlantic la Pacific şi apoi pe tot globul. În cazul limbilor daghestaneze, fărâmiţarea în familii distincte la fel de numeroase s-a datorat rămânerii, vreme de milenii, în aceleaşi minuscule şi abrupte văi, ferit de contactul intens cu exteriorul. Relieful stimulează conservatorismul lingvistic, lucru care explică şi arhaismul ameţitor al unor limbi indo-europene cum sunt cele baltice, păstrate în mlaştini izolate până în Evul Mediu, cel al islandezei pe insula sa îndepărtată, sau, printre limbile slave, cel al slovenei cu multiplele ei dialecte prin văile piemontului Alpilor.

Aşa încât, pentru un studiu comparativ, am putea lua, în vederea comparaţiei tipologice şi structurale, din partea daghestaneză, familia de limbi avar-andi-dido, dar şi câteva exemple din arči, iar din partea indo-europeană – familia limbilor germanice.

Apoi, alegând câte o limbă din fiecare familie, vom compara limba avar cu germana în versiunea sa oficială, *Hochdeutsch*.

## Cele trei genuri gramaticale

Arči este o limbă din această familie nakho-daghestaneză vorbită de doar 1.000 de persoane, într-un singur sat şi câteva cătune vecine. Clasificarea ei în interiorul stufoasei familii de limbi nakho-daghestaneze e dificilă din pricina masivei influenţe pe care a exercitat-o asupra ei limba vecină şi dominantă care e cea avară. Toţi vorbitorii de arči sunt cel puţin bilingvi arči–avar, practicând, pe lângă alte limbi neînrudite cu a lor, şi una sau alta din limbile locale de comunicare (ceea ce se numeşte o *lingua franca*), dintre care principala e rusa.

Ca toate limbile nakh-daghestaneze, arči prezintă un sistem de genuri gramaticale similar cu cel din limbile indo-europene. Genurile gramaticale sunt de altfel o trăsătură extrem de rară în peisajul lingvistic al planetei. Unele limbi, precum avara, posedă doar trei genuri gramaticale, ca în indo-europeană: masculin, feminin, neutru. Cecena are însă şase genuri gramaticale (numite în literatura de specialitate „clase nominale"), iar arči posedă opt: patru principale şi patru secundare.

Avara, aşadar, a redus clasele nominale la trei: masculin, feminin şi ceea ce putem numi neutru, exact ca în limbile indo-europene clasice, sau astăzi încă în greacă, germană şi limbile slave. Altele au redus numărul genurilor la două, masculin–feminin, precum limbile romanice, baltice, cele indiene sau iraniene (cu excepţia persanei/farsi). Altele, precum limbile tabasaran, lezghiană şi udi, au pierdut practic orice urmă a claselor nominale (genuri gramaticale), exact precum engleza, farsi sau armeana printre limbile indo-europene.

Asta permite să ne întrebăm dacă nu cumva cele trei genuri gramaticale clasice indo-europene (masculin, feminin, neutru) nu sunt reziduul unei complexităţi clasificatorii anterioare, aşa cum avara din Daghestan nu mai posedă decât trei genuri (masculin, feminin, neutru), comparat cu cele şase încă funcţionale ale cecenei sau cele opt din baţbi.

La fel, putem considera că cele două genuri (clase nominale) ale hititei erau la rândul lor un reziduu al unei complexităţi anterioare, la fel cum în olandeza modernă şi în limbile scandinave genurile s-au redus la două, exact ca în hitită: un gen animat (prin fuzionarea masculinului şi femininului) şi un gen neutru. O asemenea ipoteză este opusul celei tradiţionale, prin care hitita ar reprezenta un stadiu clasificator arhaic al unei opoziţii animat–inanimat în care animatul s-ar fi diversificat ulterior în masculin şi feminin. Exemplul limbilor germanice care sunt olandeza şi cele scandinave, cuplat cu cel al unora din limbile daghestaneze, ne arată că avem, dimpotrivă, de a face cu resturile unui sistem clasificatoriu anterior mult mai complex.

Într-un sistem clasificatoriu cum este cel al limbilor indo-europene ori cel al limbilor nakh-daghestaneze, marca de gen (clasă nominală) poate apărea la începutul cuvântului (ca în cecenă şi în majoritatea limbilor din Daghestan) sau la sfârşitul lui (ca în limbile indo-europene, sau în avara din Daghestan). Cele două sisteme sunt perfect echivalente şi nu au nevoie să fie explicate, întrucât ele corespund hazardului evoluţiei limbilor. Pentru a da un exemplu echivalent, limbile care posedă un articol hotărât îl pot pune la începutul cuvântului (majoritatea limbilor indo-europene care posedă astăzi unul, apoi limba abhază din Caucaz) sau la sfârşitul lui (armeana, limbile indo-europene din Balcani, printre care româna şi albaneza, limbile germanice scandinave, limba izolată care e basca şi limba kabardă din Caucaz).

Aşa se face că limba avar din Daghestan, care posedă trei genuri gramaticale (masculin, feminin, neutru, rezultate din erodarea unui sistem anterior mult mai complex) marchează clasa nominală la sfârşitul cuvântului, cum o fac în final limbile indo-europene. Iată în greacă:

*megal-os anthrop-os* (masc. „om mare")
*megal-ē gun-ē* (fem. „femeie mare")
*megal-on zō(i)-on* (neutru: „animal mare").

Sau, cum vedem în latină, uneori terminaţia substantivului ar părea să indice femininul, însă terminaţia adjectivului ne indică genul gramatical corect:

*agricola nov-US* („un nou ţăran")

dar:

*domus nov-A* („o casă nouă").

*Agricola*, deşi terminat în *-a*, este masculin (precum *nauta*, „marinar" etc.), pe când *domus*, deşi terminat în *-us*, e feminin (precum *manus*, „mână" etc.).

La fel face şi arči (dar şi avara şi alte limbi ale familiei din Daghestan), care marchează genul pe finalul adjectivelor.

Astfel în avar:

*hit'ína-w či* (masc. „om mic“, term. adj. de masculin = *-w*)
*hit'ína-y čč'užú* (fem. „femeie mică“, term. adj. de feminin = *-y*)
*hit'ína-b roq'* (neutru: „casă mică“, term. adj. de neutru = *-b*)
sau chiar: *hit'ína-b l'imer* (neutru: „copil mic“).

Ca şi în exemplele din latină, forma substantivului nu indică cu certitudine genul gramatical, acesta fiind dat de terminaţiile adjectivului, ca şi în germană, de pildă:

*groß-er Mensch*
*groß-e Frau*
*Groß-es Pferd.*

(Cum vedem, se merge chiar până la corespondenţe ideologice în vocabular. Astfel, în avară substantivul „copil“, *l'imer*, este neutru, copilul fiind asimilat necuvântătoarelor, precum *dete* în limbile slave sau *das Kind* în germană.)

Arči mai e deosebită şi prin aceea că, precum în indo-europeană, termenii de rudenie apropiată se formează printr-un sufix special, rezervat acestor lexeme: el e *-tu* pentru masculin şi *-tur* pentru feminin (*-r* final e cel mai adesea marca femininului), însă în vorbirea curentă şi unele masculine pot avea *-tur*, iar unii termeni fundamentali precum fiu > *uštur*, au *-r* din oficiu.

Cum se ştie, toate limbile indo-europene au format termenii de rudenie printr-un sufix folosit doar în acest caz:

*ma-ter*
*pa-ter*
*bhra-ter*
*duh-ter*,

în unele limbi vocalizat în *a*:

*ma-tar*
*pa-tar*
*bhra-tar*
*duh-tar*.

Iată termenii de rudenie apropiată în arči:

*ey-tur* – mamă
*ob-tu* – tată
*uš-tu* – frate
*uš-tur* – fiu
*doš-tur* – fiică, soră.

Aici intră şi:

*nus-tur* – logodnică, noră
*lakh-tu* – sclav
*lakh-tur* – sclavă.

Ca în indo-europeană, sufixul *-tur* se foloseşte în arči numai cu această clasă de substantive. E de remarcat identitatea formală dintre indo-europeanul *duh-tar* şi arči *doš-tur*.

Faptul că arči *doš-tur* desemnează atât fiica, cât şi sora e comparabil cu faptul că în persana modernă, limbă indo-europeană, *duhtar* e folosit pentru orice fată nubilă, la fel cum *madar* poate desemna orice femeie în vârstă. La fel, *moteris* în lituaniană e o femeie de orice vârstă, iar albaneza are *motra* = soră (!).

E de remarcat de asemenea că arči *uš-tu* „frate" şi *uš-tur* „fiu" trimit la o indeterminare iniţială la fel de mare ca cea care face ca arči *doš-tur* să fie şi „fiică", şi „soră". La fel, în greaca antică *phrater* desemna indistinct orice tânăr dintr-o phratrie, pentru „frate de sânge" folosindu-se un termen compus care însemna „din acelaşi pântec": *a-delphos*.

La fel, *nus-*, rădăcina de la care se formează *nus-tur*, „nora", e identică cu *nus-* din indo-europeană pentru a desemna acelaşi personaj şi grad de rudenie prin alianţă. Nimic n-ar fi împiedicat ca şi în indo-europeană să fie *nus-ter*, sau *nus-tar*, la fel cum s-au format nu doar termenii fundamentali de rudenie (*kinship*), ci şi alţii mai marginali social şi economic, precum *eina-ter* („nevasta cumnatului").

Mecanismele de formare a termenilor de rudenie sunt astfel identice în arči şi indo-europeană. Adăugând sistemul de genuri gramaticale (clase nominale), coincidenţele sunt suficient de interesante pentru a necesita un studiu comparativ sistematic.

## *Anexa II. Hungaro-Alania: de unde vine limba maghiară?*

Voi încerca o scurtă prezentare a limbii maghiare, pentru a o defini tipologic şi istoric şi a vedea unde se situează în peisajul lingvistic planetar. Pentru asta trebuie să începem prin a lichida miturile.

### Mitul: maghiarii = descendenţii hunilor

Acesta este un mit prin simplul fapt că nu ştim de fapt absolut nimic despre limba hunilor. Nimic, zero absolut. Hunii nu scriau, contemporanii lor latini şi greci nu ne-au lăsat nici cel mai mic cuvinţel din limba hunilor. Când spunem aşadar că nu ştim nimic, este nimicul absolut. *Hunii* puteau la fel de bine fi turcofoni, sau o altă populaţie siberiană, sau chiar indo-europeni, din cei pe care îi numim convenţional *toharieni* şi care trăiau la extremitatea estică a expansiunii indo-europene, în ceea ce este astăzi XinJiang, Turkestanul chinezesc unde trăiesc acum uigurii turcofoni. Sau puteau fi şi o populaţie iranofonă, precum sciţii, sarmaţii şi alanii (iaşii), despre care vom vorbi mai jos.

Hunii nu scriau, contemporanii lor nu ne-au lăsat nici un cuvinţel din limba hunilor, iar numele Attila pe care şi-l dau afectat mulţi unguri nu ne arată limba de origine. Putea fi o poreclă, *atta* este „tatăl" într-un număr uriaş de limbi ale planetei. *Ata, tata, mama, dada* sunt universale copilăreşti întâlnite din Amazonia până în China şi Europa (în chineză: *ma* = „mama"). Attila nu ne spune aşadar nimic, e o afectare modernă, asocierea maghiarilor cu hunii este un mit recent. Maghiarii au ajuns în Pannonia la o jumătate de mileniu după acei huni despre care nu ştim nimic.

### Mitul: limbile fino-ugrice, sau uralo-altaice

Am văzut mai devreme, acest mit datează din sec. al XIX-lea şi presupune o rudenie, o înrudire genetică între toate limbile cu structură aglutinantă, care ar include finlandeza-estona împreună cu maghiara, ba chiar şi turca. Este un mit lingvistic la care lingviştii serioşi au renunţat astăzi, după ce s-a stabilit definitiv că similitudinile structurale sau tipologice nu implică rudenie. La urma urmei, numărul structurilor lingvistice posibile este foarte limitat şi se reproduce de pe un continent pe altul fără ca între acele limbi să existe vreo înrudire. Există doar trei-patru tipologii lingvistice posibile. Există de pildă limbile tonale monosilabice, unde fiecare cuvânt e o singură silabă, iar pentru că numărul silabelor posibil de realizat fonetic e limitat, acele limbi au inovat tonurile: aceeaşi silabă în chineza oficială, han, *ma*, poate însemna cel puţin patru lucruri diferite, în funcţie de ton: poate fi *mama*, *cal* sau particula de interogaţie care, pusă la sfârşitul cuvântului, arată că e o întrebare.

Dar la fel funcţionează toate limbile din regiune, din Asia extrem-orientală, pentru că s-au influenţat areal, fonetic, una pe alta, fără a fi înrudite între ele. Aşadar, chineza, vietnameza, birmana, limbile thai şi lao, deşi *nu sunt* înrudite între ele şi nu există înţelegere posibilă între vorbitori, funcţionează pe acelaşi model. E vorba de influenţe areale. (Faptul că japoneza, coreeana şi cambodgiana/khmer funcţionează după un cu totul alt model îi arată pe vorbitorii acestora ca fiind relativ nou-veniţi în regiune; la fel, tibetana a avut tonuri, dar le-a pierdut, şi din cauza izolării geografice, dar probabil şi din cauza învecinării, în partea cealaltă, cu limbile indo-europene din ceea ce sunt astăzi India, Nepal, Bhutan şi Pakistanul.)

Faptul că maghiara, aşadar, este o limbă aglutinantă, precum finlandeza-estona, lapona, sau turca, nu înseamnă că ele sunt înrudite, ci că e vorba de trăsături areale: s-au născut în aceeaşi regiune în care funcţiona un continuum lingvistic.

## Ce separă complet maghiara de finlandeză sau turcă

Maghiara e un caz aparte printre limbile aglutinante, cum sunt cele menţionate: finlandeza-estona, lapona sau limbile turcice. Maghiara posedă articole, articol hotărât şi nehotărât. Etnocentrismul nostru indo-european ne-a obişnuit atât de mult cu articolul hotărât *der–die–das* german, sau *the* în engleză, sau *le–la* în franceză, că ni se pare ceva natural. Majoritatea limbilor de pe planetă NU AU articol hotărât. Acesta există doar în limbile indo-europene recente (latina nu l-a avut niciodată, sanscrita şi limbile indiene de azi niciodată şi nici limbile slave sau baltice sau iraniene).

Articolul hotărât a fost creat în greaca veche: *ho, he, to*, iar ulterior în limbile romanice, provenite din latină, şi în cele germanice. Nici una dintre celelalte limbi indo-europene nu are articol. În rusă, *celovek* poate fi la fel de bine „om", „omul" sau „un om", sau „oamenii în general" dacă te referi la omenire. Nici o limbă asiatică, siberiană, africană sau indigenă americană nu are articol, afară de limbile semite (*al* – în arabă, *ha* – în ebraică) şi limbile *pama-nyungan* din Australia... şi maghiară. *A gyerek* = „copilul", *a gyerekek* = „copiii". *Az ember* = „omul", *az emberek* = „oamenii". (Z-ul vine înainte de vocală, de la ceea ce francezii ar numi *liaison*: *l'homme, les hommes*, dar pronunţat [l-om], [lez-om]). Finlandeza, lapona, mongola, turca nu au articol hotărât. Maghiara e un caz cu totul aparte aici printre limbile aglutinante.

La fel, maghiara are un caz *acuzativ*, ceea ce turca de pildă nu are. Acuzativul e marcat foarte clar, ca în limbile indo-europene, printr-o terminaţie precisă: *-t*.

Maghiara foloseşte chiar acuzativul atât cu articolul hotărât, cât şi cu cel nehotărât.

De pildă, pornind de la termenul *ház* = „casă":

*Látok egy házat* = „văd o casă",

dar:

*Látom a ház*at = „văd casa", cu articol hotărât, casa aceea pe care o ştiam eu deja.

În ambele cazuri se foloseşte acuzativul în maghiară, *ház-at*, determinarea sau indeterminarea fiind marcată prin terminaţia verbului: *látok* în cazul nedeterminat, dar *látom* acolo unde e vorba de o casă precisă pe care o cunoşteam deja. Nu există nimic asemănător în finlandeză sau turcă sau în orice altă limbă.

Maghiara e o limbă hibridă, aşadar, ceea ce o face cu atât mai misterioasă. Are un uriaş fond lexical iranian (*száz* = 100, *ezer* = 1000, ambele sunt numerale iraniene) şi slav, ceea ce e normal, dacă ne gândim la drumul ungurilor spre Europa. Majoritatea maghiarilor needucaţi nu vor şti, de exemplu, că un termen atât de banal precum *medve*, „ursul", e un împrumut slavon. La fel zilele săptămânii, calul, munca (*munka*), ba chiar şi un termen atât de banal precum *barát*, un tovarăş sau un călugăr, nu e altceva decât slavonul *brat* = „frate". Ba chiar şi atât de maghiara *puszta*, pusta Pannoniei, nu e altceva decât slavonismul care a dat şi *pustiu* în română.

### Cumanii şi alanii/iaşii

Triburile maghiare care au ocupat Pannonia probabil prin sec. X erau foarte puţin numeroase. Tipul fizic maghiar e central-european. Afară de unii secui cu ochi migdalaţi, vag asiatici, nimic nu-i deosebeşte fizic pe maghiari de cehi sau croaţi. Apoi, regii maghiari au permis stabilirea în Pannonia a unor masive populaţii nomade războinice deplasate de invazia mongolă din sec. XIII. E vorba de cumanii turcofoni şi de alanii/iaşii iranofoni.

Ambele populaţii s-au maghiarizat lent: cumanii (*kun* în maghiară) şi iaşii (alanii, *jász* în maghiară, dar în pluralul românesc „iaşi" au lăsat numele oraşului moldovenesc Iaşi) au avut o situaţie privilegiată, lăsând până azi numele combinat al comitatului iaşilor şi cumanilor: *Jász-Nagykun-Szolnok*. Nagykun = *Cumania Mare*, şi tot de acolo avem şi noi nume de familie precum *Coman* sau *Comănescu*, echivalentul maghiarului *Kun*, sau localităţi precum *Comana* în România sau *Kumanovo* în Macedonia de azi.

O parte din cumani şi din alani/iaşi s-au retras în Caucaz, unde îi găsim azi sub numele de *kumîci* şi, respectiv, *oseţi*. Altă parte din cumani şi alani/iaşi au fugit în Ungaria în sec. XIII, împinşi de invazia mongolă. Ambele populaţii, cumanii turcofoni şi iaşii/alanii iranofoni, i-au influenţat foarte mult pe maghiari (v. *Dacopatia*, ed. a 2-a, pp. 386–387).

De la cumani ne-a rămas acel *Codex Comanicus*, un ghid de conversaţie medieval în cumană (turcă), iraniană şi latină, iar de la alani/iaşi (numele occidental *Alain* sau *Alan* tot de la aceştia vine, pentru că au ajuns până în Galia odată cu hunii) avem un mic glosar medieval (sec. al XVII-lea; descoperit în 1957) cu 30 de cuvinte, alături de traducerea lor în maghiară şi latină, ceea ce ne permite să apropiem limba de *oseta* vorbită şi astăzi în Caucazul de nord (mai precis: dialectul digor din Osetia de nord, cel mai arhaic).

Nici una din aceste populaţii nu făcea comerţ, erau triburi de războinici călăreţi şi păstori. Sciţii, alanii, strămoşii oseţilor, au lăsat o amprentă durabilă asupra toponimiei şi hidronimiei teritoriilor din nordul Mării Negre, inclusiv în România de astăzi. De la puternicul trib scit sau alan al *Iassilor*, cum spuneam, a rămas numele aşezării Iaşi în România, alături de o localitate cu nume similar în Kazahstanul actual şi un întreg şir de localităţi al căror nume e format pe *Jasz-* în Ungaria. La fel, lingviştii români au apropiat în mod just numele munţilor *Zărand* de termenul oset *zærond*, „bătrân“.

Cum spuneam, sub presiunea mongolilor, au fugit în două direcţii: o parte în Caucaz – oseţii şi kumîcii –, iar o parte au primit permisiunea de a se stabili în regatul maghiar, în pusta Pannoniei (*puzsta*, am spus mai sus, e de altfel un împrumut maghiar din slavă, ca şi *pustiu* în română).

În Ungaria, unde s-au stabilit împreună cu cumanii, împinşi de mongoli, alanii/iaşii şi-au vorbit limba până în sec. al XVII-lea, numiţi în documente a aparţine naţiunii iasonice (*natione jasonice*). Regiunea e cunoscută până azi ca *Jászság*: Ţara Iaşilor.

Din alană/osetă/iasă au rămas în maghiară termeni precum: *aladár* („sutaş", iar ca nume propriu frecvent nume de erou: *Aladár*, însă de la osetul *aeldar*, „nobil"); *asszony*, „femeie" (oss. *aekhsin*, „stăpână, doamnă"); *egész*, „întreg, sănătos"; *üveg*, „sticlă" (*avg* în osetă); *gazdag*, „bogat", de unde şi „gazda" (stăpânul casei), care urcă, ambele, până la osetul *qaezdyg*, „bogat" (scris хъаездыг în ortografia inventată de sovietici); *hid*, „pod", care e de fapt un termen iranian împrumutat şi de georgieni, cum o arăt mai jos etc. Oseta a influenţat de altfel masiv şi limba rusă, ceea ce e un cu totul alt subiect, în care nu intrăm acum.

## Cu gazda pe pod – termeni de civilizaţie ce au migrat din indo-iraniană în maghiară

*Lánchíd*, adică *Lánc Híd*, „Podul cu Lanţuri", pe lângă faptul că simbolizează Budapesta modernă, mai aminteşte şi faptul că lexicul istoric al maghiarei e constituit din acumulări de straturi suprapuse de împrumuturi din limbile cele mai diverse ale regiunilor traversate de unguri în timpul migraţiilor, în special termeni slavi şi turcici, dar şi multe pături, din epoci diverse, de împrumuturi iraniene.

*Lánc* e, desigur, ca şi *lanţ* în română, un slavonism. *Híd* este însă un termen luat de maghiari din limba alanilor, călăreţii iranieni ai stepelor din nordul Mării Negre, care, mai cunoscuţi sub numele de *Iassi*, *Assi*, sau *Ossi*, sunt strămoşii *oseților* de azi din Caucaz şi fondatorii multor aşezări cu numele de *Jasz-* din Ungaria până în Asia Centrală (inclusiv, spuneam, sub forma de plural, *Iaşi* din Moldova).

Cu jumătate de mileniu însă înainte de asta, alanii/iaşii ajunseseră deja împreună cu hunii în Occident, unde subzistă, peste tot pe unde ei s-au stabilit, numele propriu *Alan, Alain*, precum şi denumiri de ape, de pildă *Don*, râul care traversează oraşul Amiens (*don* = „apă" în osetă, termen care e considerat a fi la originea numelor de râuri şi fluvii *Don*, *Dniepr*, *Dniestr* şi *Donau/Dunăre*). Influența alană/osetă a fost de altfel uriaşă şi asupra limbilor slave de răsărit, în special asupra dialectului care avea să devină limba rusă: *haraşo* (хорошо) vine din alano-osetă.

Influența iassilor-alanilor-oseti în toată regiunea Mării Negre a fost atât de mare, încât termeni precum *hid* („pod") au trecut şi în georgiană, limbă de mare cultură şi străveche istorie, unde „pod" se spune tot *hidi*. Faptul că acelaşi termen desemnează podul în maghiară şi georgiană spune multe despre influența alanilor.

*Hid* vine din persana veche, prezent în avestică sub forma *haetu*. De aici, numele provinciei afgane *Helmand*, de la *haetu-mand* = „cu poduri"/Podurile (*cf.* alte denumiri provenite de la *pod* în alte culturi: Mostar, Brugge, Cambridge, Pont-l'Evêque, Podu Iloaiei).

*Haetu* avestic corespunde exact sanscritului *setu* („pod"), în virtutea legii fonetice care face că oricărui *h-* inițial iranian îi corespunde un *s-* inițial sanscrit... De aici echivalența *Sind–Hind*, Hind fiind doar pronunția iraniană a provinciei indiene Sind...

*Haetu* s-a păstrat aşadar, sub forma *hid*, în limba alanilor iranieni din stepa Mării Negre, de unde a fost împrumutat de populaţii atât de diverse precum georgienii şi maghiarii, care apoi l-au adus până în câmpia Pannoniei.

*Rama Setu*, Podul lui Rama, este numele sanscrit al lanţului de insuliţe şi corali care leagă Sri Lanka de subcontinentul indian. Pe el trece armata de maimuţe din *Ramayana*. Acel *setu*, pod, prin corespondentul său iranian *haetu*, e vărul prin alianţă al maghiarului *híd*, agăţat cu lanţuri peste Dunăre în mijlocul Budapestei.

## În chip de capişte şi idolatrie – confluenţe maghiaro-cecene

*Ce-ţi pasă ţie, chip de lut / Dac-oi fi eu sau altul?*

—Eminescu

*Au la Sybaris nu suntem lângă capiştea spoielii?*

—Eminescu

Am mai vorbit de termeni păstraţi simultan în maghiară şi în limbi caucaziene şi care indică faptul că înainte de a se stabili în Pannonia maghiarii s-au învârtit o vreme prin stepele şi piemontul septentrional ale Caucazului. Un asemenea termen, tocmai am văzut, e iranianul *híd*, pod, din osetă, intrat atât în maghiară, cât şi în georgiană.

Unul şi mai instructiv, pentru că indică instituţii comune dispărute în noaptea timpurilor, este *kép*: chip, figură, în toate sensurile ei.

Unii lingvişti au presupus că *kép* ar proveni din limba avarilor, războinicul popor migrator venit după huni, despre a căror limbă nu ştim însă practic nimic (nu ştim dacă erau turcofoni sau mongoli şi nu au nici o legătură cu populaţia numită *avar* din Caucazul actual, din Daghestan).

Maghiarii, a căror limbă are un lexic compus din straturi succesive de împrumuturi de pe la toate popoarele cu care au conviețuit, au adus *kép* până în Europa. La origine, *kép* desemna probabil o statuetă de cult, un idol. El numește un idol în limbile unor turcofoni asiatici: *kep* la uigurii din China; *käp* la yakuți... Maghiarii l-au luat sub forma aproape identică: *kép*.

De la ei a fost luat de slavii din Balcani, mai întâi în bulgara veche: *kapĭ* (капь), de unde, cu sufixul *-ište*: „capiște", templu păgânesc, intrat prin slavona de biserică și în română, și în rusă.

Unii lingviști au presupus că *kep/kip* ar fi ajuns în Balcani prin limba bulgarilor turcofoni ai lui Asparuh, care au dat numele țării, asimilându-se apoi. Pe lângă faptul că nu știm absolut nimic despre aceia, asta nu ar explica sărăcia semantică a lui *kep/kip* în Balcani, unde desemnează doar un idol (și prin derivare templul, capiștea), în comparație cu vitalitatea lui *kép* în maghiară.

În română *chip* a intrat limpede din maghiarul *kép*, care nu mai are nici un sens religios, ba chiar *chip* a venit odată cu derivatul *chipeș* – *képes*. De la *chip* (care a dat și *a chibzui*) româna a format *a închipui/închipuire*, cu toată sfera lor semantică, ba chiar și un adverb: *chipurile*. Maghiara, la rândul ei, are verbul *képezni*, cu sensul de „a construi, a repara, a fixa", sau derivate precum *képzelet*: „imaginație, fantezie", iar de aici tot ce are de a face cu ilustrațiile sau chiar cu televizorul (de la aceste *képezni* și *képzelet* am luat și noi *a chibzui*).

O singură altă limbă mai dă o asemenea largă folosire împrumutatului *kep*: cecena din Caucaz. Cecena este o limbă caucaziană izolată, fără nici o legătură de rudenie cu limbile turcice sau indo-europene. Cu toate astea, cecena are un mic lexic comun cu maghiara, inexplicabil altfel decât printr-o conviețuire în vremuri îndepărtate la piciorul versantului de nord al Caucazului. Atât maghiara, cât și cecena au împrumutat de la o limbă indo-europeană termenul *kert*, pentru *grădină, ogradă*, sau gardul acestora. Atât cecena, cât și maghiara au preluat de la niște turcofoni *kep* în sensul foarte larg de „imagine, formă, chip".

Cecena a păstrat de altfel, pentru *kep*, și sensul arhaic de *bloc de piatră, bolovan*, ceea ce ne trimite cu gândul la aspectul frust al idolilor nomazilor.

În sfârșit, ca o derivare secundară, în română, în vremea lui Eminescu, *capiște* mai desemna metaforic și bordelul (cf. *capiștea spoielii*)...

...cu un umor românesc asemănător celui din spaniolă, unde bordelul mai e numit argotic *una casa de idolatría*...

# *Bibliografie*


Boas, Franz, *Handbook of American Indian Languages*, Cambridge University Press, 2013 (prima ed. 1911).

Chomsky, Noam, *Cunoaşterea limbii*, trad. A. Cornilescu, I. Baciu şi T.D. Coliban, Editura Ştiinţifică, Bucureşti, 1996.

Demoule, Jean-Paul, *Mais où sont passés les Indo-Européens?*, Seuil, Paris, 2014.

Everett, Daniel, *How Language Began: The Story of Humanity's Greatest Invention*, Profile Books, London, 2017.

Gamkrelidze, T.V., Ivanov, V., *Индоевропейский язык и индоевропейцы* [*Limba indo-europenilor şi indo-europenii*], Tbilisi, 1984.

Greenberg, Joseph, *The Languages of Africa*, Indiana University, 1963.

Greenberg, Joseph, *Indo-European and Its Closest Relatives. The Eurasiatic Language Family, Volume 1, Grammar*, Stanford University Press, 2000.

Harris, Alice, Smeets, Henricus Joannes, Hewitt, Brian George, Job, Michael *et alii*, *The Indigenous Languages of the Caucasus*, 4 vol., Caravan Books, New York, 1991–2004.

Ivănescu, Gheorghe, Simenschy, Theofil, *Gramatică comparată a limbilor indo-europene*, Editura Didactică şi Pedagogică, Bucureşti, 1981.

Johansson, Sverker, *Zorii limbajului* [*The Dawn of Language*], trad. Cristian Iscrulescu, Humanitas, Bucureşti, 2022.

Klimov, G.A., *Die kaukasischen Sprachen*, Buske, Hamburg, 1969.

Nichols, Johanna, *Linguistic Diversity in Space and Time*, University of Chicago Press, 1999.

Pinker, Steven, *The Language Instinct: How the Mind Creates Language*, Penguin Books, London, 1994.

Renfrew, Colin, *Archaeology and Language. The Puzzle of Indo-European Origins*, Penguin Books, London, 1989.

Ruhlen, Merritt, *The Origin of Language: Tracing the Evolution of the Mother Tongue*, John Wiley & Sons, New York, 1994.

Saussure, Ferdinand de, *Curs de lingvistică generală*, trad. I. Tarabac, Polirom, Iaşi, 1998.

Trubetzkoy, N.S., „Gedanken über das Indogermanenproblem“, *Acta linguistica* 1, Copenhaga, 1939, pp. 81–89.

Trubetzkoy, N.S., *Grundzüge der Phonologie*, Vandenhoeck & Ruprecht, Göttingen, 1958.

Trubetzkoy, N.S., *Studies in General Linguistics and Language Structure*, Duke University Press, London, 2001.

Трубецкой, Н.С., *Избранные труды по филологии*, Moscova, 1987.

Wixman, Ronald, *Language Aspects of Ethnic Patterns and Processes in the North Caucasus*, University of Chicago, 1980.

Woodard, R. (ed.), *The Ancient Languages of Europe*, Cambridge University Press, 2008.

DAN ALEXE

# DACOPATIA

## ȘI ALTE RĂTĂCIRI ROMÂNEȘTI

Ediție revăzută
și adăugită